Einführung in das einheitliche Wechselrecht

Von

Dr. Arthur Lenhoff
Universitätsprofessor und Rechtsanwalt in Wien

Mit einem Anhang, enthaltend die Gesetzestexte

Wien und Berlin
Verlag von Julius Springer
1933

ISBN-13: 978-3-7091-9582-6 e-ISBN-13: 978-3-7091-9829-2
DOI: 10.1007/ 978-3-7091-9829-2

Vorwort

Eine „Einführung" verfolgt andere Zwecke, als ein Kommentar oder ein Handbuch. Sie kann weder wie jener alle Probleme des Wechselrechtes erörtern, noch strebt sie wie dieses nach Vollständigkeit der Systematik. Handelt es sich doch bei dieser Einführung um die Behandlung eines Rechtsstoffes, der zum großen Teile die alten, so vielfach erörterten und bekannten Begriffe des Wechselrechtes aufgenommen und zu einem nicht unerheblichen Teile die Grundsätze der alten WO. nicht verlassen hat. Das Buch will nun das Neue in Anknüpfung an seine alten Grundlagen erklären; es bemüht sich aber auch, die neu geschaffenen Einrichtungen und Begriffe zu untersuchen und zu erläutern, nicht etwa nur isoliert, vielmehr auch in ihrem Zusammenhange mit den tragenden Grundsätzen des neuen Wechselrechtes und des deutschen und österr. Zivilrechtes. Dem Juristen, dessen Berufstätigkeit Rechtsanwendung ist, wäre mit einer Darlegung des neuen Rechtsstoffes nur wenig gedient, die sich auf eine größere oder geringere Umschreibung der neuen Gesetze beschränkt. Er will in einer Einführung doch wesentlich mehr erfahren als ihm schon ein Studium der Gesetzestexte vermitteln kann. Die Probleme des neuen Wechselrechtes werden an ihn herantreten; so will er sie denn auch wissenschaftlich behandelt sehen. Eine Einführung muß sich zwar an Umfang viel versagen, aber muß nicht an Tiefe verlieren. Nur wenn die Gedanken dieser Arbeit, deren Anfänge auf viele Jahre zurückreichen, auch in der Praxis des einheitlichen Wechselrechtes, der sie dienen, sich bewähren, wird sich zeigen, ob das Buch seine Aufgabe erfüllt hat. Die zwei ersten Kapitel des Buches wurden bereits in den Jur. Blättern 1932, Nr. 18—22 veröffentlicht.

Wien, am 22. Februar 1933.

Lenhoff

Inhaltsverzeichnis

Abkürzungsverzeichnis *)

a. b. G. B. = österr. Allgemeines bürgerliches Gesetzbuch.
Adl. Cl. = Sammlung von Entscheidungen zum Handelsgesetzbuch von Dr. Leopold Adler und Dr. Robert Clemens, fortgesetzt von Dr. Josef Friedländer.
Begr. = 253 der Beilagen zu den stenographischen Protokollen des Nationalrats, IV. Ges. Per.
Bericht = Rapport du comité de rédaction (Gianini, Perceron, Ekeberg, Quanowski und Sutkowski), eingesetzt von der Genfer Konferenz; enthalten in C. R., S. 125—158.
Bernstein = Wilhelm Bernstein, Allgemeine deutsche und allgemeine österreichische W. O. 1898.
BGB. = Deutsches bürgerliches Gesetzbuch.
Brünner JZ. = Brünner Juristenzeitung.
C. c. = code civil.
C. com. = code de commerce.
Czel. = Sammlung wechselrechtlicher Entscheidungen des OGH., herausgegeben von Dr. Ferdinand Czelechowsky.
C. R. = Comptes Rendus de la Conférence internationale pour l'unification du droit en matière de lettres de changes usw., Genf 1930.
Denkschrift = Denkschrift der Regierung (zur Reg.-Vorlage über die Vereinheitlichung des Wechselrechts auf Grund des Haager Abkommens über die Vereinheitlichung des Wechselrechts 1913 (Nr. 200 der Beilagen zu dem stenogr. Protokollen des Herrenhauses, XXI. Session.
Denkschrift 1932 = österreichische Denkschrift zum Entwurfe des Genfer E. W. G., Nr. 351 der Beilagen der stenogr. Protokolle des Nat. R., IV. Gesetzgebungsperiode
DPR. = Deutsches Privatrecht.
E. W. G. = Anlage I des Abkommens über die einheitl. Wechselgesetze vom 7. Juni 1930.
Frankenstein = Frankenstein, Intern. Privatrecht.
Grünhut = Grünhut, Handbuch des Wechselrechts, 2. Bände.

---

*) Die deutschen und österreichischen Zeitschriften sind in der, vom Deutschen Juristentag beschlossenen Abkürzung bezeichnet.

GUNF. = Sammlung von zivilrechtl. Entscheidungen des OGH., herausgegeben von Glaser und Unger.

J. Bl. = Juristische Blätter, Wien.

Jud. = Judikatenbuch des Wiener OGH. (Plenarentscheidungen).

J. W. = Juristische Wochenschrift.

J. W. R. = II. Genfer Abkommen vom 7. Juni 1930, über die Bestimmungen auf dem Gebiete des internat. Wechselprivatrechts.

Krall = Sammlung der wechselrechtlichen Entscheidungen des österr. OGH. von Dr. Karl Krall.

K. Vdg. = kaiserliche Verordnung.

L. Z. = Leipziger Zeitschrift für Deutsches Recht.

Mitteilungen = Mitteilungen des Verbandes österr. Banken und Bankiers, Wien.

Nat. Rat = Nationalrat.

Not. Z. = Zeitschrift für Notariat und freiwillige Gerichtsbarkeit (jetzt: österreichische Notariats-Zeitung).

O. E. G. = Anlage zum Haager Abkommen über die Vereinheitlichung des Wechselrechts, enthaltend eine einheitliche Wechselordnung.

OG. Brünn, Slg. Z. = Sammlung der Entscheidungen des Obersten Gerichtshofes in Brünn in Zivilsachen.

OGH. = Oberster Sachengerichtshof.

OLG. = Oberlandesgericht.

Res. = Reserven in Anlage II des Abkommens über die einheitlichen Wechselgesetze vom 7. Juni 1930, enthaltend die im Staatsvertrag von den einzelnen Staaten vorgesehenen Vorbehalte.

RG. = Reichsgericht.

ROHG. = Reichsoberhandelsgericht.

Rechtspr. = Die Rechtsprechung, herausgegeben vom Verband österr. Banken und Bankiers.

Slg. GlU. = Sammlung von zivilrechtlichen Entscheidungen des OGH., begonnen von Glaser und Unger, fortgesetzt von Pfaff, Schey und Krupsky (letztere zit. GlUNF.).

Slg. J. M. = Sammlung des tschechoslowakischen Justizministeriums.

Spr. R. = Spruchrepertorium des OGH. in Wien.

Staub-Stranz = Kommentar zur Wechselordnung, 12. Aufl.

SZ. = Entscheidungen des OGH. in Zivil- und Justizverwaltungssachen, veröffentlicht von seinen Mitgliedern, Wien, seit 1919.

WO. = Wechselordnung.

WZA. = Wechselzahlungsauftrag.

ZBl. = Zentralblatt für die juristische Praxis, Wien.

ZPO. = Zivilprozeßordnung.

I. Inhalt der Konventionen

1. Die rechtlichen Grundlagen internationaler Kreditbeziehungen sind jetzt geschaffen. Hatte die noch mit geringen Abweichungen für das Deutsche Reich und Österreich geltende allgemeine deutsche W. O. 1850 an Stelle der bis dahin geltenden Partikularrechte für diese Staaten wenigstens ein einheitliches Wechselrecht geschaffen, wie es die gleichen skandinavischen Wechselgesetze vom 7. Mai 1880 für alle drei nordischen Staaten taten, so haben, nachdem schon seither der deutsche Juristentag im Jahre 1872 für ein einheitliches Wechselrecht der ganzen zivilisierten Welt eingetreten war, die Bestrebungen zur Schaffung eines einheitlichen Weltwechselrechtes in dem in der zweiten Wechselrechtskonferenz im Haag (15. Juni 1912 bis 23. Juli 1912) formulierten, von 27 Staaten gezeichneten Übereinkommen über die Vereinheitlichung des Wechselrechtes, dem mit einigen einschneidenden Abweichungen die Beschlüsse der vom Völkerbund[1]) nach Genf einberufenen dritten Internationalen Wechselrechtskonferenz folgen, nunmehr ihren normativen Ausdruck gefunden: In den zwei Genfer Ver-

[1]) Darüber Karl Wieland, „Der Vereinheitlichung des Wechsel- und Scheckrechtes entgegen?" Zbl. für Handelsr. 1928, 283, dann insbes. ausführl. Hupka, die Haager Wechselrechtsübereinkommen und der Völkerbund in Z. f. ausl. und intern. P. R. IV, 1930, 205 f., ders., Zur Revision des Haager Wechselrechtes in „Mitteilungen des Verb. öst. Banken und Bankiers" 1929, II, 12, Wehli, ebda. 1929, Nr. 34 und S. A.; v. Flotow, „Der heutige Stand der Bestrebungen zur Vereinheitlichung des Wechselrechtes", Z. f. ausl. u. int. P. R. J. (1927), 68 f. Alle diese vor den Genfer Vereinbarungen geschrieben. Aufsätze über die Ergebnisse der Genfer Konf.: Quassowski, „Die Genfer Abk. über die Vereinheitlichung des Wechselrechtes" in Z. f, ausl. und intern. PR. IV, S. 770/g, dann der in Anm. 3 erwähnte Aufsatz Max Sokals, ferner die system. Darstellung Quassowskis und Landrichter Ullmanns über die Genfer Abk. in Magnus, Tab. zum intern. R. IV. Wechselrecht, 2. Aufl., S. 330 f. Auch Michaelis WR. (1932) berücksichtigt die Konv.

einbarungen vom 7. Juni 1930: Die eine verpflichtet die Vertragsstaaten, das die Anlage I des ersteren Abkommens bildende einheitliche Wechselgesetz (EWG.) bei sich einzuführen, das zweite enthält Grundsätze des internationalen Wechselprivatrechtes (IWR.)[2]). Die Befürchtungen, daß statt einer „loi uniforme" nur eine „loi modèle" geschaffen wurde, sind glücklicherweise nicht Wirklichkeit geworden. Kein bloßes Gesetzesmuster, von dem in den einzelnen oder auch allen Punkten abzuweichen, den gesetzgebenden Körpern der einzelnen Staaten freigestanden wäre, ist geschaffen worden, sondern eine einheitliche Wechselordnung; den Vertragsstaaten bleibt es nur „vorbehalten", einzelne wenige Bestimmungen — sie sind in der Anlage II der ersten Genfer Konvention über ein einheitliches Wechselgesetz erschöpfend genannt („Reserven") — zu ergänzen, zu ändern oder ganz wegzulassen. Manche dieser Reserven berühren gar nicht rein wechselmäßige Fragen, sondern nur Verfahrensfragen (Protest) oder nur mit der Ausstellung des Wechsels zusammenhängende Fragen (s. g. ziviles Wechselrecht) wie die der Bereicherung, des Anspruches auf die Deckung („uneigentliche Reserven"), andere geben allerdings auch in rein wechselmäßigen Fragen, wie in der der Protesterhebungsfrist, der Regreßsummen-Verzinsung und des Anspruches auf Provision beim Regreß, der nationalen Gesetzgebung freie Hand („eigentliche Reserven"). Das ist ein Schönheitsfehler, dem ein die Welt umfassendes einheitliches Recht wohl nicht entgehen kann. Denn die Einzelstaaten verzichten ja im übrigen auf dem nun einheitlich geregelten Gebiete

[2]) Ein drittes Genfer Abk., 7. Juni 1930, verpflichtet die Staaten, die, wie z. B. Italien, Großbritannien, Jugoslawien, baltische Staaten usw., dem nichtgestempelten Wechsel die Gültigkeit oder die Wechselkraft versagen, ihre Gesetzgebung zu ändern. Die zwei früher erwähnten Konventionen wurden von 22 Staaten, nämlich Deutschland, Österreich, Belgien, Brasilien, Columbien, Dänemark, Danzig, Ecuador, Spanien, Finnland, Frankreich, Italien, Luxemburg, Norwegen, den Niederlanden, Peru, Polen, Portugal, Schweden, der Schweiz, der Tschechoslow. Rep. und der Türkei abgeschlossen; der dritten Konvention über das Verhältnis der Stempelgesetze zum Wechselrecht ist außer den erwähnten Staaten auch Großbritannien beigetreten. Die Materialien der Genfer Beschlüsse (Bericht des Redaktionskomitees und Sitzungsprotokolle) sind in den „Comptes rendus" der Konf. veröffentlicht. Völkerbunddrucksachen C 360 M 151, 1930/II, abgek. C. R.

wenigstens für Vertragsdauer[3]) auf ihr selbständiges Gesetzgebungsrecht. So wollten die „Reserven" den Staaten die Ratifikation leichter machen. Über Einzelheiten dieser Vorbehalte soll nun im sachlichen Zusammenhange in den folgenden Ausführungen, die ja nicht die Entstehung der Genfer Konvention, sondern die Umgestaltung des geltenden Wechselrechtes durch sie zum Gegenstande haben, gesprochen werden. Eine Kritik des sachlichen Inhaltes der Konvention käme zu spät.

Schon das Haager Abkommen sah vor, seinen Inhalt nur soweit einzuführen, als er sich auf Tratten bezieht (Art. 22), so daß dann der Staat, der von dieser Reserve Gebrauch macht, als Vertragsstaat nur insoweit gilt, als das Recht der Tratten in Frage kommt. Obwohl dieser Vorbehalt Rußlands wegen eingefügt wurde, wo der eigene Wechsel, solange dort Privatunternehmungen bestanden, sehr gebräuchlich war, wurde er auch im Genfer Abkommen beibehalten (Res. 21), das Rußland nicht unterfertigte und als Staatenbund ohne Privatwirtschaft nicht mit Interesse verfolgt.

2. Die österreichische Regierung hat im Sinne der Konvention dem Parlament den Entwurf eines Bundesgesetzes betr. das Wechselrecht vorgelegt, das die Artikel des EWG. enthält, die sowohl inhaltlich wörtlich, als auch den Zahlenbezeichnungen nach mit den Artikeln des EWG. übereinstimmen. Von den Reserven wurde bei einigen Artikeln Gebrauch gemacht. Das wird im folgenden hervorgehoben werden. Der Entw. wurde parlamentarisch erledigt; seinen Inhalt bildet das Ges. vom 18. August 1932, B. 230, betr. das Wechselrecht (WG.).

Das Gesetz enthält nur in seinem dritten Teil, der mit Art. 79 infolgedessen beginnt — das EWG. enthält 78 Artikel — weitere Bestimmungen („ergänzende Vorschriften") über die Form des Protestes und der übrigen, mit dem Wechsel vorzunehmenden Handlungen, über die Bereicherung und über das Abhandenkommen von Wechseln. Die Regelung dieser Fragen ist ja der nationalen Gesetzgebung überlassen worden. Den Inhalt des IWR. bildet den

[3]) Über die Möglichkeiten der Kündigung der Konvention vgl. insbes. Max Sokal, die Genfer Wechselrechtskonferenz in den „Mitteilungen des Verb. öst. Banken und Bankiers" 1930, Nr. 9/10. Das Haager W.R. kehrt im wesentlichen im polnischen und jugoslaw. W.R. wieder, ist übrigens in Lateinamerika (Guatemala, Nicaragua, Paraguay, Venezuela) als nationales W.G. eingeführt worden.

4. Teil des Ges. Zugleich wurde ein Einführungsgesetz (B. 291) geschaffen, das einige Bestimmungen anderer Gesetze (Not. O.; ZPO. usw.) dem neuen Recht anpaßt. Ohne Rücksicht auf den Eintritt der Wirksamkeit des Konventionsrechts — 90 Tage nach Niederlegung der 7. Ratifikationsurkunde oder Beitrittserklärung (Art. VI der I. Konv.) — soll das Gesetz spätestens am 1. Jänner 1934 in Kraft treten (§ 1/1 ö. E. G.).

Wie die Begründung des Entwurfes hervorhebt, soll das Gesetz neben dem Anschluß an die Genfer Abkommen zugleich dem Gedanken der „Rechtsangleichung" dienen. Mit Recht hebt die Begründung hervor, daß es als Rückschritt gewertet würde, „wenn die auf dem Gebiete des Wechselrechtes seit mehr als 80 Jahren zwischen Deutschland und Österreich bestehende, weitgehende Rechtsgleichheit aufgegeben würde". Deshalb hat das Gesetz u. a. gerade in den das Protestwesen regelnden Bestimmungen sich im wesentlichen dem deutschen Vorbilde angeschlossen.

II. Grundfragen des Wechselrechtes

A. Abstrakte Natur der Wechselverpflichtung

a) Einwendungen aus dem Kausalverhältnis. Auch das neue Wechselrecht hält an der Abstraktheit der Wechselverpflichtung mit aller Strenge fest: Es tut dies in einer nach zwei Richtungen zielenden negativen Formulierung (Art. 17). Einerseits wirkt nach wie vor das Kausalverhältnis, das dem einzelnen Skripturakt zugrundeliegt, in keiner Richtung gegenüber einem dritten legitimierten (Art. 16) Wechselnehmer, d. h. einem solchen, der mit dem in Anspruch genommenen Wechselschuldner nicht kausal verbunden ist (arg. Art. 17, „unmittelbare Beziehungen zu dem Aussteller oder zu einem früheren Inhaber").

Das ist eine zwingende Bestimmung, so daß, was von Amts wegen zu beachten ist, andere Einwendungen selbst dann ausgeschlossen sind, wenn sie der Kläger gegen sich zulassen wollte[4]); andererseits soll nur der Inhaber materiell gegen solche Einwendungen geschützt sein, dem beim Erwerb des Wechsels nicht bekannt war, daß nunmehr die Rechte des Schuldners, die sich aus dem Kausalverhältnis zwischen diesem und dem Aussteller oder einem Vormann

[4]) OG. Brünn, 17. Mai 1930, Slg. Z. 9923.

des Inhabers des Wechsels ergeben, durch das Nehmen des Wechsels um ihre Wirkung gebracht werden. Das ist wohl der Sinn des Hinweises, daß der Nehmer beim Erwerb nicht „bewußt zum Nachteil des Schuldners handeln“ durfte (Art. 17). Der französische Text spricht ja von „sciemment“. Es genügt also nicht, daß der Erwerber z. B. von den Mängeln der Warenlieferung, die der Ausstellung des Wechsels zugrundeliegt, weiß oder gar, daß er, obwohl er leicht hätte Erkundigungen einziehen können, diese unterließ. Hat er mit dem Bestand von Einwendungen gerechnet, so wird allerdings damit schon seine Position erschüttert sein[5]), immer aber nur, wenn ihm dabei die Möglichkeit der Schädigung des Schuldners vor Augen war. Ist (im obigen Beispiel) der Verkäufer für die Ersatzverbindlichkeit aus schlechter Lieferung „gut“, so wird der Wechselanspruch, den ein über die Vermögenslage Informierter, trotz Kenntnis der Mängel der Lieferung, erwirbt, noch nicht entwertet. Dieser ist dagegen formalrechtlichen (Ratengeschäft)[6]) und materiellrechtlichen Einwendungen aus dem Kausalgeschäft, z. B. der Ungültigkeit des Grundgeschäftes wegen Wuchers, Simulation, Irrtums oder Zwanges, der

---

[5]) Insoferne schwächte die Genfer, hierin auch vom Expertenentw. abweichende Fassung gegenüber der Haager die abstrakte Wirkung ab. Haag. Art. 16, spricht von „arglistigem Einverständnis“ („entente frauduleuse“); dagegen genügte dem Expertenentwurf die Kenntnis des Erwerbers von dem Bestand der Einwendungen („mauvaise foi“); die Haager Fassung wollte also (übrigens so auch das Reichsgericht, Entsch., Bd. 111, 202) die Abstraktheit der Wechselverpflichtung viel weiter geschützt wissen, während umgekehrt der Expertenentw. die Kausalbeziehung schon bei Kenntnis des Nehmers wirken ließ. Der Widerstreit der Ansichten spiegelt sich auch in der Lehre: Grünhut forderte Kollusion zwischen Geber und Nehmer: ähnlich Hupka, Mittlg., a. a. O., S. 310 und Michaelis 378, ebenso wie die herrschende Judikatur des Rg.; Jacobi (Ehrenbergs Hdb. IV/125 verlangt nur Kenntnis (abschwächend in der 2. Aufl.), ebenso Bernstein, während Staub-Stranz dagegen die Kenntnis der Grundhältigkeit der Einwendung schon fordern. Der „Bericht“ Nr. 45 zeigt, daß in Genf dann ein Kompromiß zwischen der Haager Fassung und der „Kenntnis“-Lehre zustandekam. C. R. 197 f. über die Diskussion.

[6]) Nach öst. R. (§ 6 Ratengeс.) ist die Einwendung der Verletzung der Zuständigkeitsbestimmung, die den Vertragsgerichtsstand für Ansprüche aus Ratengeschäften gegen den im Inlande wohnhaften Käufer ausschließt, in jedem Stadium bis zur exek. Veräußerung von Amts wegen zu beachten, auch wenn ein Wechselanspruch geltend gemacht wird: OGH., 23. Juni 1931, Rechtspr. 1931, Nr. 328, anders 19. Mai 1908, GlUNF. 4238.

wechselmäßig nicht ersichtlichen Tilgung der Schuld, Kompensation, vertragswidrigen Nichtvalutierung oder Unterlassung der Deckung usw. ausgesetzt, wenn er, wenngleich nur als möglich und nicht als gewiß, damit beim Erwerb des Wechsels gerechnet hat, daß der Schuldner für die Wechselzahlung sich bei dem mit diesem kausalverbundenen Vormann des Erwerbers nicht erholen kann. Daß der Nehmer darauf ausgeht, den Schuldner zu schädigen, d. i. „Arglist" des Nehmers, wird also einerseits nicht verlangt, um das der Ausstellung oder Begebung zugrundeliegende Kausalverhältnis ihm gegenüber wirken zu lassen, wie anderseits die bloße Kenntnis dieser Beziehung die rein abstrakte Wirkung der Wechselschuld nicht ausschließt (Einwendung der Gefälligkeitszeichnung bleibt also nach wie vor ausgeschlossen)[7]. Das, was das EWG. dem Schuldner gegen einen mit ihm nicht kausal verbundenen Inhaber einzuwenden ermöglicht, ist also etwas anderes als die exc. doli in ihrer bisher im Wechselprozeß üblichen Gestalt. Noch mehr als jetzt wird aber durch die Möglichkeit der Berücksichtigung der Kausalbeziehung zwischen Schuldner und Vormann dem Satz, daß das Recht aus dem Papier sich nach dem Recht am Papier bestimme[8], der Halt entzogen. Der Erwerber mag das Eigentum am Wechsel erlangt haben und kann gleichwohl einer sein Recht aus dem Papier vernichtenden Einwendung ausgesetzt sein (unten B).

Die Rechtsbeziehung zwischen Geber und Nehmer kann sich aber auch nach EWG. der Wechselschuldner nicht zunutze machen (arg. „ihre", „seine Beziehungen"; Art. 17, Art. 19/2 EWG.); auch nicht so, daß er, sofern nur der Inhaber wechselmäßig legitimiert ist, diesem ohne weiteres den Mangel eines Rechts an dem Papier einwenden dürfe (Art. 16). Der Schuldner kann also nicht einwenden, daß der Vormann des Inhabers von diesem wegen der versprochenen Valuta irregeführt worden ist. Aber das Zurückgreifen auf die Kausalbeziehung des Inhabers zum

---

[7]) Zweck und Inhalt einer solchen Gefälligkeitszeichnung ist ja gerade, die Umlaufsfähigkeit des Wechsels zu erhöhen. Der Dritterwerber, der den Gefälligkeitscharakter der Unterschrift kennt, ist damit noch nicht dem Einwand der Arglist ausgesetzt: RG. 25. Oktober 1927, JW. 1928, 232.

[8]) Treffend Leonhard, Besonderes Schuldrecht des BGB. 380 (gegen Gierke, DPR. II. 107, 116), der auch wieder zum Beweis des Umgekehrten (daß ohne Recht am Papier Rechte aus dem Papier dem Inhaber zustehen können) auf das Pfandindoss. (EWG., Art. 19) verweist.

Vormann und dieses zum Schuldner ist nur dort ausgeschlossen, wo der Inhaber den Wechsel „erworben" hat (arg. Art. 17, „bei dem Erwerb des Wechsels"). Die Regelung des Eigentumserwerbs ist Sache der Gesetzgebung der einzelnen Staatengebilde. Das Fehlen des nach ABGB. hiezu erforderlichen Eigentums des Vormannes wird den Erwerb grundsätzlich hindern, wo nicht (Art. 16/2) der „Rechtschein" zum Erwerb genügt; aber das Erfordernis von „Titel" und „Übergabe" wird nicht nachgesehen. Auch das neue WR. verlangt den wechselmäßigen Eigentumserwerb des Papiers. Denn sonst wäre es unerklärlich, daß das EWG. sich für bemüßigt erachtet, im Art. 19 ausdrücklich auch den Pfandindossatar eines Wechselschuldners gegen solche Einwendungen zu schützen, die sich aus dessen unmittelbaren Beziehungen zum Verpfänder („Indossanten") ergeben. Liegt der Inhabung des Wechsels kein „Erwerb" zugrunde, wie also etwa beim versteckten („stillen", „fiduziarischen") Prokuraindossament (Legitimationsindossierung), beim Scheingiro oder bei bloßer Verwahrung, so wird sich, wie jetzt[9]), ein solcher Inhaber ebenso Einwendungen aus dem Kausalverhältnis des Schuldners zu seinem Indossanten, wie immer aus den unmittelbaren Beziehungen des Schuldners zu ihm selbst (arg. Art. 17, „zu seinem früheren Inhaber") gefallen lassen müssen[10]). Der Einwendung des Scheingiros bleibt also ein großes Feld offen. Daß sich der Schuldner solcher Einwendungen mit Erfolg bedienen kann, die aus dem Wechsel selbst hervorgehen, z. B. Verjährung, Rektaklausel[11]), wird nicht mehr im EWG. hervorgehoben, da dieses im Art. 17 ja nur negativ hervorhebt, welche Einwendungen dem (nicht mit dem Schuldner kausal verbundenen) Inhaber nicht entgegengesetzt werden können. Das EWG. überläßt die Frage, welche Einwendungen der Wechselschuldner geltendmachen kann, also der Lehre und Rechtsprechung[12]).

---

[9]) Ebenso OGH., 1. Februar 1900, Czel. 807.

[10]) Ebenso nach bisher. Recht: Lenhoff (bei Magnus, Internat. Tabellen, Bd. IV, „Wechselrecht"), S. 199, Sp. XI, 2, b. Auch gegenüber dem rücklösenden oder auch nur im Zessionsweg den Wechselanspruch erwerbenden Indossanten sind Einwendungen aus dem Kausalverhältnis zu ihm, z. B. Schadenersatzansprüche, zulässig: OGH., 7. Juli 1930, G. Z. XII/166.

[11]) Ist auch der Wechsel als Deckungswechsel bezeichnet, so ist seine Verwertung durch Weiterbegebung nicht ausgeschlossen. OG. Brünn, 3. Juli 1931, Beil. zur Brünner J. Z. Nr. 1288.

[12]) Siehe Denkschrift 1932 (so im folgenden die öst. Denk-

b) Blankowechsel und Verfälschung. Das EWG. nennt in Art. 77, Abs. 2 die bei der Begebung mit Absicht[13]) noch nicht vollständig ausgefüllte, d. h. aber jedenfalls als Wechsel[14]), d. h. mit Wechselklausel und beim gezogenen Wechsel mit Zahlungsklausel, beim eigenen mit Verpflichtungsklausel ausgestellte Urkunde, der ein solcher „Bestandteil"[15]) fehlt, den auch die ergänzenden Bestimmungen des EWG. (Art. 2) nicht ersetzen, einen Blankowechsel. Es werden unten (III) die „Bestandteile" des Wechsels behandelt. Fehlt z. B. dem Wechsel nur die Angabe der Verfallzeit, so ist er nicht unvollständig[16]), weil er eben dann nach Art. 2, Abs. 2 EWG. als ein Sichtwechsel gilt. Fehlt aber die Wechsel-

---

schrift zum Entwurf des Genfer EWG., 351 der Beilagen — Nat.-R., IV. G. P. bezeichnet), S. 82.

[13]) Wurde ein nicht mit allen wesentlichen Bestandteilen versehenes Wechselblankett in der Meinung begeben, es sei bereits der Wechsel vollständig, so erlangt der Nehmer nicht nur keinerlei Wechselrechte, sondern auch nicht das Recht zur Ausfüllung (arg. Art. 10 EWG. „Wechsel"). Blankowechsel ist nur der gewollt noch unvollständige Wechsel.

[14]) Art. 10 EWG. setzt voraus, daß jedenfalls die unvollständig in Verkehr gebrachte Urkunde als ein „Wechsel" erscheint („wenn ein Wechsel ..."). Es muß also der Text schon die Bezeichnung „Wechsel" (Art. 1, Z. 1) aufweisen. Schon Karl Adler, öst. W. R. 27, verlangt, daß die Unterschriften mit dem Bewußtsein abgegeben werden, daß der Wechsel später vervollständigt werden soll. Ähnliches betont der Genfer Bericht. Sonst könnte jedes Stück Papier, z. B. ein in einer Pension für den Bezug eines Getränkes unterschriebener Bon, der nur die Unterschrift aufweist, in einen Wechsel verwandelt werden. Vgl. auch Laufke, Z. f. ausl. u. internat. PR. („Das WR. der Tschechosl., Polens u. Südslawiens"), IV, S. 293. Für verfehlt ist aber die Ansicht zu bezeichnen, daß der Nehmer vom Ausfüllungsrecht auch noch nach gerichtlicher Geltendmachung des Wechsels (durch Antrag auf Erl. eines Zahlungsmandats) etwa noch in der Streitverhdlg. Gebrauch machen dürfe, wie OG. Brünn, 11. Oktober 1930, Slg. 10.228 anführt.

[15]) Art. 2 EWG. spricht nicht mehr, wie die geltende WO. (Art. 4, 7), von „Erfordernissen", sondern von „Bestandteilen" des Wechsels, weil der Mangel einzelner Bestandteile eben durch das Gesetz selbst ersetzt wird. Vgl. Begr. der Reg. Vorl. über die Vereinheitlichung des WR. (Haager Konv.) Nr. 200 der Beil. zu den sten. Prot. d. Herrenhauses, XXI, Session 1913, S. 60 („Denkschrift"). Siehe unten III/1.

[16]) Darauf verwies schon bei den Beratungen über den G. Entw. zur Einführung einer einheitlichen (Haager) WO. Hermann-Otavsky in „Denkschrift", S. 149, 150.

summe, so ist die als Wechsel gleichwohl begebene Urkunde ein Blankowechsel. Bisher war klar, daß die Einwendung einer verabredungswidrigen Ausfüllung des Blankowechsels dem redlichen Nehmer des vollständig[17]) ausgefüllten Wechsels gegenüber ausgeschlossen ist (arg. J. M. Vdg., 6. Oktober 1853, RGB. 200, „Wechsel"). Das neue EWG. geht auch davon nicht ab. Dem abstrakten Wesen der Wechselverpflichtung entspricht es, das Interesse des Wechselzeichners dem des Wechselnehmers unterzuordnen. Art. 10 bestimmt, daß die Nichteinhaltung der Vereinbarung darüber, wie der unvollständig begebene Wechsel auszufüllen war, dem Inhaber, d. i. dem Nehmer des vervollständigten Wechsels nicht entgegengehalten werden könne, es sei denn, daß er den „Wechsel", d. h. also das mit allen, durch ergänzendes Recht nicht auffüllbaren Bestandteilen bereits versehene Papier in bösem Glauben erworben hat oder ihm beim Erwerbe eine grobe Fahrlässigkeit zur Last fällt[18]). Daraus ist aber zweierlei zu folgern: Zunächst, daß auch der gutgläubige Nehmer des Blankos nicht geschützt wird, wenn er objektiv entgegen der mit dem Geber getroffenen Abrede bei der Ausfüllung verfahren ist und anderseits, daß die spätere, d. h. der Ausfüllung folgende Beifügung auch nur fakultativer Bestandteile (z. B. eines Domizilvermerkes, falls im Wechsel beim Namen des Bezogenen ein Ort angegeben ist, Art. 12) oder eines Zinsenvermerkes (Art. 5, darüber C—c—β) eine „Textänderung" (Art. 69 EWG.), d. h. eine Verfälschung des Wechsels ist[19]), die nur jene berührt, die ihre Wechselerklärung erst nach dieser Textänderung abgegeben haben und nicht die, deren

---

[17]) Lenhoff, 196, Sp. IV. K. Adler, 28, auch für das deutsche Recht (obwohl dort eine der öst. Vdg. 1853/200 analoge Bestimmung fehlt) übereinstimmende Lehre, z. B. Staub-Stranz, zu Art. 7, Anm. 12, Michaelis 97 u. a.

[18]) Entspricht also im wesentlichen dem geltenden Rechtszustand, Denkschrift 1932, S. 81.

[19]) Es wird damit eben nicht mehr „ausgefüllt, was nötig ist", sondern es wird der bereits bestimmte Inhalt des Wechsels verändert; die Änderung „gilt" dann auch gegenüber dem gutgläubigen Nachmann nicht, soweit es sich um die vor dieser Veränderung entstandenen Verpflichtungen handelt. Art. 69 EWG. Vertragswidrige Ausfüllung des unvollständigen Wechsels (Art. 10 EWG.) und Veränderung des bereits bestimmten Inhaltes des vollständigen Wechsels (Verfälschung des Wechsels [Art. 69 EWG.]) haben also verschiedene Wirkungen. So auch OG. Brünn, 21. Februar 1931, SlgZ. 10.558.

Skripturakt früher abgegeben worden ist (Art. 69)[20]), also auf Grund der ursprünglichen Textierung, so sie noch kenntlich ist (Art. 69); sie haften, wenn es sich um die Hinzufügung eines rein fakultativen Bestandteiles (z. B. des Zinsenvermerkes) oder eines durch ergänzenden Rechtssatz ohnehin ersetzbaren Erfordernisses handelt — ohne Domizilvermerk würde als Zahlungsort der angegebene Wohnort des Bezogenen gelten — so, wie sich die Haftung ohne diese Beifügungen ergäbe, also etwa „ohne Zinsen" (arg. Art. 2/2, Art. 5 EWG.). Allerdings hat dies zur Folge, daß auch der gutgläubige Erwerber, der nicht Protest am richtigen Zahlungsort, sondern an dem im Domizilvermerk erwähnten Ort erhebt, gegen die Vormänner, die vor der Domizilierung unterschrieben haben, um die Regreßrechte kommt[21]).

In diesen Fällen ist also das Interesse des Wechselzeichners dem des Nehmers nicht hintangesetzt[22]). Die Frage, ob das Ausfüllungsrecht übertragbar ist, wird nicht ausdrücklich in dem EWG. beantwortet, ist aber, so wie jetzt[23]), wohl im Zweifel zu bejahen. Der redliche Inhaber wird ja nach Art. 10 geschützt, gleichviel, ob schon der erste Nehmer oder erst ein späterer — nicht er[24]) — den Wechsel vertragswidrig ausgefüllt hat. Da manche Länder, wie z. B. Frankreich, den Blankowechsel überhaupt verwerfen, dessen Zulassung ja tatsächlich zu schweren Mißbräuchen mitunter führt, wenngleich zugegeben werden soll, daß er im Verkehr sich als geeignete Sicherstellungsgrundlage erwiesen hat, namentlich dort, wo es sich um Sicherstellung für Ansprüche aus

[20]) And. Ansicht anscheinend Quassowski 777; das entgegengesetzte Extrem zeigt hier die herrschende öst. Praxis, die in solchen Zusätzen einen Grund für die Ungültigkeit des Wechsels sieht (OGH., 13. April 1915, Jud. 219). Das ist jetzt (oben Text), da dem Fehlen dieser „Bestandteile" vom Gesetze dispositive Bedeutung gegeben wird, nicht mehr aufrecht zu erhalten.

[21]) Richtig OG. Brünn, 13. März 1931, Slg. 196, 20 (Veränderung des Zahlungsortes durch Änderung der Person des Domiziliaten).

[22]) Hermann-Otavsky, a. a. O., Anm. Bei Streichung oder Veränderung des Domizilvermerkes mag das hingehen, meint Philipp, Komm. WO. 241, nicht aber bei erst nachträglicher neuer Beifügung eines Domizilvermerkes. Die Genfer Lösung schützt aber wenigstens die Gültigkeit des Wechsels. (Vgl. dagegen öst. OGH., 13. April 1915. Jud. 219.)

[23]) Lenhoff, a. a. O.

[24]) Der Genfer Bericht Nr. 35 weist selbst darauf hin, C. R. S. 131, ebenso tschech. O. G., anders aber bis nun RG. und OGH. (Jud. 206).

erst beginnenden oder noch nicht wirtschaftlich übersehbaren Rechtsbeziehungen handelt, so sieht die Reserve 3 vor, von der Einfügung des Art. 10 in das Landesrecht auch Abstand zu nehmen. Auf deutschem Boden wurde davon nicht Gebrauch gemacht (WG. Art. 10 = Art. 10 EWG.).

Verfälscht ist der Wechsel, wenn er falsche Zusätze erhält oder sein Inhalt verändert wird. Behält er dabei äußerlich die wesentlichen Erfordernisse des Grundwechsels, so bleibt er an sich gültig. Es ist nur, wie das EWG. hervorhebt, sein „Text geändert" (Art. 69 EWG.). Solche Änderungen wirken nicht, wie das EWG. — die WO. enthält darüber ja nichts — nun besonders hervorhebt, gegen jene Wechselzeichner, die schon früher unterschrieben haben. Diese haften nur nach dem ursprünglichen[25]) Text, auch dem gutgläubigen Inhaber gegenüber. Wird der Wechsel durch solche Veränderung seines Inhaltes um einen wesentlichen Bestandteil gebracht, z. B. unlesbare Durchstreichung des Ausstellungsdatums, so wird er ungültig. Nur die „Veränderung des Textes", nicht seine Verstümmelung, hat ja auf die Gültigkeit keinen Einfluß (arg. Art. 69). Dem Landesrecht ist auch die Umdeutung formungültiger oder materiell nichtiger Wechselerklärungen (Konversion) nach wie vor überlassen. Fälschungen einzelner Unterschriften sind für die Verpflichtungen aus echten Zeichnungen belanglos (Art. 7 EWG., unten C).

c) Deckung und Revalierung. Im EWG. wird so wenig wie in der geltenden WO. dem Inhaber gegen den Bezogenen ein Recht auf die bei diesem etwa geleistete Deckung gegeben. Die Regelung dieser Frage, die mit der Zulassung der nicht akzep-

[25]) Der „ursprüngliche Text" sagt Art. 69 EWG. Es ist also belanglos, ob die Verfälschung den Text nicht so verändert haben soll, daß nach ihrer wirklichen oder gedanklich möglichen Beseitigung er noch erkennbar sei (z. B. die Wechselsumme von 1000 M [„eintausend"] Mark wird in 21.000 M [„zwanzigeintausend"] verfälscht), wie die herrschende deutsche Jud. — wie ein Teil der Lehre, z. B. Michaelis 339 — für die Aufrechterhaltung der Wechselverpflichtung der „früheren" Zeichner verlangt (RG., 12. August 1925, J. W. 1925, 2603, dann RG., Bd. 108, 78, Bd. 54, 386), während die herrschende deutsche Lehre die „früheren" Wechselzeichner gar frei werden läßt, da ihrer Verpflichtung nunmehr die formale (Skriptur)-grundlage fehlt. So Staub-Stranz, WO., Art. 36, Anm. 12, Grünhut I, 430 und Bernstein, WO., S. 182 u. J. W. 1924, 1153, u. 1925, 2603. Bernstein, J. W. 1925, 260 gibt aber zu, daß die Genfer Fassung (Haag) für die im Text vertretene Ansicht spricht.

tablen Tratte (unten D) in einem gewissen Zusammenhange steht, wird vielmehr in der Res. 16 ebenso den einzelnen Landesrechten überlassen, wie die Frage, ob der Aussteller verpflichtet ist, für Deckung zu sorgen. Für das Vorhandensein der Deckung haftet aber der Aussteller als Regressat nach wie vor, wenn dem Bezogenen präsentiert und Zahlung laut Protest — es wäre denn, dessen Erhebung erlassen: Art. 46 —, nicht zu erlangen war (Art. 43, unten E).

So wenig wie nach geltendem Recht kann auch nach dem EWG. der Akzeptant schon auf Grund des Akzeptes allein Revalierung fordern. Auch das EWG. gibt ja dem Aussteller einen wechselmäßigen Regreß gegen den Akzeptanten (Art. 28/2 EWG.). Dem Zivilrecht jedes Staates bleibt die Lösung überlassen, ob der Bezogene, der den Wechsel einlöst, einen Anspruch auf Rückerstattung seiner Leistung hat, darauf verweist der 2. Satz der Res. 16. Daß nicht eine unmittelbare Rechtsbeziehung zwischen Aussteller und Bezogenem dem Wechsel zugrunde liegen muß, ist unbestritten und zeigt durch den Hinweis auf die Kommissionstratte übrigens Art. 3/3 EWG.

B. Entstehung der Wechselverpflichtungen mit der Begebung und Indossierung, aber unter Schutz des gutgläubigen Erwerbers

Die Verpflichtung entsteht, wie das EWG. übrigens in Einklang mit der herrschenden Lehre zum Ausdruck bringt[26]), grundsätzlich erst mit der Begebung. Das bringt der eben angeführte Art. 10 EWG. über den Schutz des Inhabers eines vertragswidrig ausgefüllten Blankowechsels („bei Begebung unvollständig war") ebenso zum Ausdruck, wie Art. 16/2, der dem Mangel der Begebung auch Bedeutung gegenüber dem gutgläubigen, wechselmäßig legitimierten Erwerber beimißt, so ihm „beim Erwerb" doch grobe Fahrlässigkeit zur Last fällt[27]). Daß die Ver-

[26]) RG., 25. Oktober 1927, J. W. 1928, 231, Pisko, Lehrbuch des HR., S. 300. Quassowski 781, meint, daß das EWG. den Schein vermeiden wollte, welcher Lehre (Kreations-, Vertrags-, Emissions-, Rechtsscheintheorie) es sich anschließt. Aber seine Bestimmungen sprechen ganz deutlich für die im Text vertretene Ansicht.

[27]) Richtig deshalb OGH., 3. März 1931, Rechtspr. 1931, Nr. 102, und S. Z. XIII/46; also wenn z. B. der Inhaber den Wechsel zum Eskompte erhalten, ihn aber nicht eskomptiert hat. Ebenso RG., 12. November 1929, RG. 126, 348.

pflichtung des Akzeptanten, den das EWG. den Annehmer nennt (Art. 27/1, 53/1, 55/3), auch erst mit der Aushändigung des Akzeptes, d. i. seiner Begebung entsteht, ist jetzt im Gegensatz zur geltenden[28]) WO. im EWG. deutlich hervorgehoben (Art. 29, Abs. 1, Satz 1 EWG: „Vor der Rückgabe"). Die Vermutung spricht übrigens dafür („bis zum Beweis des Gegenteiles": Art. 29/1, Satz 2 EWG.), daß die Streichung der Annahmeerklärung, welche der Wechsel aufweist, vor der Rückgabe des Wechsels geschehen ist (ebda.). Aus der eben angeführten Bestimmung des Art. 16 ergibt sich endlich, daß auch der Indossatar das Recht an dem Wechsel, also das Eigentum durch wechselmäßige Übertragung „erworben", d. h. durch Begebung erlangt haben muß (Art. 16/2, 19/2). Das EWG. will ja im Indossament — anders als die WO. — zugleich eine Abtretung der Rechte sehen (arg. Art. 20/1, „nur die Wirkungen einer gewöhnlichen Abtretung"). Dazu ist auch Übergabe des Papiers erforderlich (Zivilrecht!). Auch wie andere „erwerben", z. B. der Remittent oder der einlösende Avalist, ist eine Zivilrechtsfrage („Übergabe", „Besitzkonstitut" usw.). Erst mit diesem Erwerb des Rechtes an dem Papier (Art. 16/2 EWG., Art. 19/2) erwirbt der Nehmer grundsätzlich das Recht aus dem Papier (Art. 14, Abs. 1 EWG.); nur ersetzt auch jetzt dort, wo die Übertragung des Rechtes an dem Papier an dem Mangel des Rechtes des Vormannes scheitern würde, das Gesetz diesen Mangel, indem der wertpapiermäßige Erwerb, d. h. die wechselmäßige Übertragung durch Blankotradition seitens des Blankoindossatars (Art. 14, Z. 3) oder durch eine die wertpapiermäßige Legitimation (geschlossene Reihe) dartuende Indossierung an den redlichen, nicht beim Erwerb grob fahrlässig handelnden Nehmer im Verein mit der Übergabe des Papieres (§§ 371, 1393 ABGB., § 929 fg. BGB.) diesem ein Recht an dem Papier — ob Eigentum oder Pfandrecht hängt bei Indossierung von dem Inhalte des Indossaments ab (Art. 15, Art. 19/1) — gibt (Rechtsscheinwirkung)[29]). Ob der Erwerber auch alle Rechte,

[28]) Auch bis nun schlossen manche aus Art. 21, Abs. 4 WO. („erfolgte Annahme"), daß erst die Aushändigung die Annahme vollendet. Lenhoff 197, Sp. VII, 2, h (anders die deutsche Judikatur und Michaelis 168). Näheres über die Annahme unten III/3.

[29]) Über die Stellung, die das Reichsgericht jetzt in der Richtung einer Begünstigung der Rechtscheintheorie einnimmt, unter Abrückung von der Begebungstheorie, RG., 8. Dezember

d. h. vom Kausalverhältnis des Schuldners zum Vormann losgelöste Rechte aus dem Papier erwirbt, hängt noch überdies davon ab, daß er beim Erwerb nicht „bewußt zum Nachteil des Schuldners gehandelt hat" (Art. 17, oben A—a). Die derivative Natur des Erwerbes hebt übrigens Art. 14/1 EWG. noch hervor: „Das Indossament überträgt alle Rechte ‚aus dem Wechsel'". Daraus ergibt sich, daß auch das EWG. im Art. 16 nur über den Mangel des Eigentums oder der Macht zur Verfügung über das Papier zugunsten des Erwerbs des Nachmannes, dem der Mangel der Berechtigung seines Vormannes nur bei erheblicher Mühewaltung hätte bekannt werden können, hinwegsieht, also nicht über solche Mängel, die seine Inhabung gar nicht auf einen „Erwerb", d. h. einen gültigen Titel[30]) zurückführbar erscheinen lassen, z. B. etwa wegen Geschäftsunfähigkeit des Vormannes. Die Fassung des Art. 16, Abs. 2 EWG. verdeutlicht daher das Ergebnis, zu dem Lehre und Übung ohnehin schon längst gekommen sind. Er verpflichtet den Inhaber zur Herausgabe des Wechsels ja nicht nur dann, wenn er den Mangel des Rechtes des Vormannes an dem Wechsel kannte oder nur aus grober Fahrlässigkeit nicht kannte, also wenn er etwa wußte, daß der Bankier, der einen mit Blankoindossament seitens eines seiner Kommittenten von einem Dritten erworbenen und ihm zur Verwahrung übergebenen Wechsel nur als Verwahrer „innehat", daher nicht Eigenbesitzer ist, sondern das EWG. hebt noch durch eine andere Wendung hervor, daß jenseits der Schranke des Vertrauensschutzes nur der Erwerb vom Eigentümer grundsätzlich dem Nachmann Rechte gibt. Es erhält nämlich grundsätzlich dem früheren Inhaber das Recht auf den „irgendwie[31]) abhandengekommenen Wechsel" (Art. 16,

---

1925, J. W. 1926, S. 1548; zur Kreationstheorie will Eckhardt, Reichsgericht u. Wechseltheorie, S. 1061 f. (in Beiträge zum Wirtschaftsrecht II) zurückkehren. Aber das EWG. lehnt sie ab. Sogar der Akzeptant haftet erst mit der Rückgabe des Wechsels (Art. 29) und er ist doch, wie Eckhardt hervorhebt, bei Präsentation nie der Eigentümer, könnte also nach der Kreationstheorie schon mit der Unterfertigung haften.

[30]) Ein Antrag, auch diesen Mangel bei Gutgläubigkeit sanieren zu lassen, wurde abgelehnt. (Sokal 236); gerade diese Frage ist auf dem Boden der deutschen WO. bestritten, vgl. Jacobi in Ehrenbergs Hdb., IV/1, 163 ff.

[31]) Mit Recht hebt die öst. Denkschrift (Haag) S. 64 hervor, daß diese Vorschrift (sie entspricht dem Art. 15 des

Abs. 2). Auch die widerrechtliche, d. h. z. B. durch weisungswidrige Weiterbegebung durch den nur als Vertrauensmann des Eigentümers den Wechsel besitzenden Prokuristen oder einen von mehreren zeichnungsbefugten Gesellschaftern einer offenen Handelsgesellschaft hindert den Eigentumserwerb, wenn der Indossatar diesen Mißbrauch der Rechtsstellung dieser Personen gegenüber dem Eigentümer kannte oder kennen mußte. Der gutgläubige Erwerber erlangt dagegen auch dort, wo mangels eines Begebungsvertrags sein Vorgänger kein Recht am Papier erlangte, durch wechselmäßigen Akt das Eigentum; er erwirbt damit auch Wechselrechte gegenüber dem Unterzeichner einer Wechselerklärung, dem der Wechsel noch vor Begebung „irgendwie" (Art. 16/2) abhandengekommen ist. Das folgt daraus, daß diesem im Art. 17 auch solche Einwendungen abgeschnitten werden, die sich auf seine Beziehungen zu einem früheren Inhaber gründen, also etwa darauf, daß dieser den Wechsel nur verwahren sollte oder gar entwendet hat[32]). Kurz: Der Vertrauensschutz wirkt nicht dort, wo der Empfänger des Wechsels wußte oder ohne schwere Mühe erfahren konnte, daß die Übertragung des Wechsels an ihn dem Willen des Verfügungsberechtigten widerspricht. Mißbrauch der Rechtsstellung des wahren Eigentümers wird dagegen durch diese Bestimmung nicht getroffen, z. B. Verwendung der Depotwechsel als Zirkulationswechsel. Denn hiebei wird ja das unbestreitbare Recht an dem Papier nur in einer, dem der Papierausstellung zugrunde liegenden rechtsgeschäftlichen Verhältnisse widersprechenden Art mißbraucht, es fehlt nicht an dem dinglichen Erwerb und nur der Person des Überträgers stünden Einreden entgegen. Ob die Einrede dann dem Erwerber gegenüber durchdringt, richtet sich nach dem oben II—A—a Gesagten.

Haager EWG.), nicht bloß den „Verlust" des Wechsels ins Auge faßt. Das wurde durch das, über österr. Antrag auf der zweiten Haager Konf. eingefügte Wort „irgendwie" zum Ausdruck gebracht.

[32]) Damit werden auch die Entsch. RG., 8. Dezember 1925, J. W. 1926, 1548 (dazu Stranz, ebda. 1548), 13. April 1926, J. W. 1926, 1817, auch nach EWG. gerechtfertigt. Über den nicht sehr glücklichen und gerade im WR. mehrfachen Sinn bergenden Ausdruck des „bösen Glaubens" einerseits Hupka „zur Rev. des Haager Wechselrechtes" (in den „Mitteilungen") S. A. S. 10 und andererseits Quassowski, S. 778.

C. Die Unabhängigkeit der Zeichnungsakte voneinander und ihre Reichweite

a) Grundsatz: Wie nach geltendem Rechte (Art. 3, 75, 76 WO.) bringt diesen Grundsatz das EWG. (Art. 7) zum Ausdruck, wo in einer Bestimmung zusammengefaßt wird, was noch das Haager EWG., ebenso wie das geltende Recht in mehrere Bestimmungen zerlegte, wovon die eine die Unterschriften wechselunfähiger Personen, die andere gefälschte Unterschriften — im EWG. deutlich von verfälschten Wechselerklärungen unterschieden — behandelte (Art. 7, 68, Haager EWG.); dabei wird noch, was zwar auch nach geltendem Rechte nicht bestritten, aber nicht ausdrücklich festgesetzt war, betont, daß auch Unterschriften mit den Namen erdichteter Personen (Kellerwechsel) oder Unterschriften, die aus irgend einem anderen Grund für die Personen, die unterschrieben haben oder mit deren Namen unterschrieben worden ist, keine Verbindlichkeit begründen, auf die Gültigkeit der übrigen Unterschriften natürlich keinen Einfluß haben. Die gefälschte Unterschrift erzeugt keine Wechselverbindlichkeit, auch nicht, wenn sie später genehmigt wird (unten c). Das EWG. behandelt übrigens das Problem der Anerkennung der gefälschten Unterschrift als echt und die Genehmigungsfrage so wenig wie die der Haftung wegen Ermöglichung der Fälschung oder wegen Unterlassung rechtzeitiger Aufklärung seitens des Namensträgers, (der von der Fälschung erfährt und nicht sofort dem bekannten Wechselinhaber Nachricht gab). All dies bleibt dem nationalen Zivilrecht überlassen.

b) Unterfertigung. Wer zu fertigen fähig ist, bestimmt das EWG., das keine Vorschrift über die Wechselfähigkeit enthält, nicht. Hier gilt also nationales Recht. Nach deutschem und österr. Recht fällt die passive Wechselfähigkeit zu eigenen Skripturakten, s. g. passive Wechselgeschäftsfähigkeit mit der Verpflichtungsfähigkeit zusammen[33]). Die Art der Unterfertigung ist die Form.

[33]) Im öst. Einführungsges. findet sich darüber auch nichts. Die Begr. (352 der Beilagen — Nat. R., IV. G. P.), S. 28 beruft sich auf die Denkschrift (Haag), wo die Entbehrlichkeit einer Bestimmung über die Wechselfähigkeit mit dem Hinweis begründet worden ist, daß sie mit der allgemeinen Geschäftsfähigkeit zusammenfalle. Auch der OGH. hat darauf hingewiesen (in seinem Gutachten zum WG.), daß es sich nicht empfehle, „die nichtssagende Bestimmung des Art. 1 WO. zu übernehmen".

Auch sie wird von der Landesgesetzgebung bestimmt (Art. 3 IWR.). Deshalb ist eine dem Art. 94 WO. analoge Bestimmung in das EWG. nicht aufgenommen worden[34]). Das EWG. geht aber davon aus, daß die Wechselerklärung unterschrieben sein muß (arg. Art. 7 EWG., „Unterschrift"). Analphabeten können daher Wechselverbindlichkeiten nicht mehr durch Handzeichen (Art. 94 WO.) auf sich nehmen[35]); ihre Fertigung der Vollmachten ist im § 886 abGB. (§ 126 BGB.) festgesetzt. Die Form der Bevollmächtigung durch Blinde, durch Stumme, die nicht schreiben, oder Taube, die nicht lesen können, wird ebenfalls gesetzlich vorgeschrieben (§ 1, lit. d, Not. Z. Ges.).

c) Unterfertigung durch Vertreter. Das EWG. bringt zunächst im Art. 7[36]) zum Ausdruck, daß auch die Unterfertigung mit dem Namen des Vertretenen durch den befugten Vertreter eine Verpflichtung des Vertretenen begründet. Diese Ansicht hat zwar für das geltende Recht die deutsche Praxis (RG. 81/2, 74/69, 50/51) und Grünhut vertreten; sie wurde aber — jenseits des Bereichs der Zeichnung durch Organe der jur. Personen (Handelsges.) — von der herrschenden österr. Lehre und Praxis abgelehnt, die verlangte, daß aus der Erklärung sowohl die Person des Vertretenen als auch des Vertreters ersichtlich sei[37]). Bisher galt für das österr. Recht das Gesetz,

---

[34]) Art. 2 Reserven läßt die Landesgesetzgebung — Öst. hat davon keinen Gebrauch gemacht, ebensowenig der deutsche Entw. — bestimmen, „in welcher Art die Wechselunterschrift ersetzt werden kann", aber „vorausgesetzt, daß der Wille desjenigen, der die Unterschrift leisten soll, durch eine auf den Wechsel gesetzte Erklärung gehörig beglaubigt wird". Näheres Anm. 36.

[35]) Siehe Denkschrift 1932, S. 29.

[36]) „Unterschriften für Personen, mit deren Namen unterschrieben worden ist." Im Haager EWG. war darüber kein Wort enthalten. Vgl. für das Recht der WO. Grünhut Lehrb., S. 56. Die Res. Art. 2 bestimmt zwar, daß die Landesgesetze festsetzen können, wie die „Unterschrift ersetzt werden kann". Das bezieht sich aber nur auf ihren Ersatz durch Zeichen. (Vgl. Art. 94 WO.) Eine Bestimmung, auch künftighin Unterfertigungen mit dem Namen des Vertretenen nur anzuerkennen, wenn der Vertreter auch seine Unterschrift abgibt, stünde mit dem EWG. in Widerspruch; so wird der materielle Gehalt der „lex Jasinski" (Ges., 19. Juni 1872) im E. G. zum WG. mit Recht nicht mehr berücksichtigt (Begr., S. 33), wohl aber entgegen dem Vorentw. des EG. der prozessuale (nun 2. Abs. des § 557 ZPO.: Beibringung der Vollmacht des Machtgebers als Erfordernis für Erlassung des WZAuftr.).

[37]) Adler 41, OG. Brünn, 20. Juni 1931, Slg. Br. J. Z. 1267

19. Juni 1872, RGBl. 88, das ein Wechselverfahren auf Grund eines eine Vertreterzeichnung aufweisenden Wechsels nur eröffnen läßt[38]), wenn auch der Vertreter mit einem seine Stellung dartuenden Zusatz den Wechsel gefertigt hat und überdies die vom Vertretenen unterfertigte Vollmacht beigebracht wird. Die vom befugten Vertreter geschriebene Namensangabe bloß des Vertretenen verpflichtete also bis zum EWG. weder diesen noch jenen so, daß mit Wechselstrenge verfahren werden konnte. Die Wirkung der Abgabe einer Wechselerklärung durch den befugten Vertreter bestimmte sich bis nun nach bürgerlichem Recht, jetzt tritt die Wechselhaftung des Vertretenen schon nach Art. 7 EWG. ein. Damit der Pseudovertreter (der „unbefugte Vertreter") „wechselmäßig" bisnun haftbar gemacht werden konnte (Art. 95 WO.), war einerseits notwendig, daß er entweder seine Unterschrift, ohne Hinweis auf das Vertretungsverhältnis, abgegeben hat (Art. 81, Satz 1), oder daß er, wie die herrschende Lehre annimmt, unter Hinweis auf seine angebliche Vertreterstellung aber immer mit seinem Namen (also nicht, wie manche meinen, mit dem Namen des angeblich Vertretenen allein) unterschrieben hat. Das EWG. folgt nun dieser Lehre[39]) (Art. 8 EWG., „Wer auf einen Wechsel seine Unterschrift als Vertreter eines anderen setzt, ohne hiezu ermächtigt zu sein"), offenbar deshalb, weil man sonst den Fälscher[40]) einer fremden Unterschrift folgerichtig auch wechselmäßig haftbar hätte machen müssen, was aber nicht geschehen ist (arg. Art. 7, „übrigen Unterschriften"). Als „unbefugter Vertreter

---

(allerdings nach § 102, tschech. WG.), der so verfügt, OGH., 30. April 1886, Krall 66, 20. Oktober 1858, Peitler 141.

[38]) Ebenso die szt. anläßlich der Vorlage eines Ges. Entw. des Haager EWG. von der öst. Reg. vorgeschlagene Änderung des § 558 ZPO. (§ 14 der Reg. Vorlage). Vgl. Anm. 36; aber auch tschech. WG. § 102/1 und 2.

[39]) Die andere vertreten Adler 43, Hagemann, L. Z. 1914, S. 1001, Michaelis 439, Kammerger. Berlin, 17. November 1927, J. W. 1928, 241 (gegen diese Entsch. Stranz, ebda. S. 241), OLG. Hamm, 26. November 1927, J. W. 1928, 242. Wie die herrschende Lehre Bernstein WR. 402, Staub-Stranz, Art. 95, Anm. 14 und auch für das W. Recht der Tschechoslowakei, Polens und Jugoslawiens Laufke, a. a. O., S. 280.

[40]) Zur Frage der Verfälschung: Oben Anm. 25. „Verfälschung ist Veränderung des Inhaltes eines vollständigen Wechsels ebenso wie Beifügung der Unterschrift durch einen andern als den Namensträger oder dessen Vertreter."

eines andern" gilt dabei nur jener, der auch den Namen (Firma) des Vertretenen angibt (OG. Brünn, 20. Juni 1931, Slg. 10.890). Das EWG. läßt den Pseudovertreter, wenn er nur selbst seinen Namen gesetzt hat, „wechselmäßig" ohne Unterschied, ob der angebliche Machtgeber wechselfähig war oder nicht, ja ob er existiert oder nicht, haften, was bis nun bei Mangel der Wechselgeschäftsfähigkeit des Vertretenen zum Teil abgelehnt worden ist[41]). All dies gilt auch dort, wo die Erteilung der Vollmacht ungültig ist (z. B. ein Geisteskranker hat sie gegeben!) oder es sich um Übergriffe gesetzlicher Vertreter handelt; so wenn etwa ein Vormund ohne gerichtliche Zustimmung die Wechselerklärung namens des Mündels mit seinem Namen fertigt oder ein Gemeindevorsteher für seine Gemeinde ohne die in den Gemeindeordnungen vorgesehene Zustimmung der Gemeinde oder der Landesregierung. Maßgebend ist Fehlen der Vollmacht im Zeitpunkt der Zeichnung („Ermächtigung"), nachträgliche Genehmigung durch den anderen hebt die Wechselverpflichtung nicht auf. Ob die Kenntnis des Mangels der Vollmacht auch den Nachmännern des Erklärungsempfängers eingewendet werden könne, richtet sich nach dem oben (II—A—a) besprochenen allgemeinen Grundsatz über die Einwirkung der zu dem früheren Inhaber bestehenden Kausalbeziehung auf den späteren Inhaber (Art. 17). Hat der unmittelbare Nehmer der Erklärung des Pseudovertreters den Mangel oder die Überschreitung der Vertretungsmacht gekannt, so kommt ihm gegenüber ja die Einrede daraus zur vollen Geltung (Art. 17 EWG.). Die Art der Haftung des falsus procurator richtet sich wohl auch weiter danach, wie der „angeblich Vertretene gehaftet haben würde" (Art. 95 WO.). Zahlungsunfähigkeit des angeblich Vertretenen befreit den falsus procurator nicht. Das EWG. hebt dann noch, was auch bis nun außer Zweifel stand, ausdrücklich hervor, daß auch die Überschreitung der Vertretungsmacht dieselben Wirkungen hat, wie die Zeichnung ohne Vertretungsmacht. Endlich wird noch betont, daß dem Vertreter ohne Vertretungsmacht, da er ja wechselmäßig haftet, auch die Wechselrechte zustehen, die dieser Haftung entsprechen, also die Rückgriffsrechte.

d) Die Selbständigkeit der Erklärungen und die Ausnahmen dieser Regel.

---

[41]) Lenhoff 198, Sp. X, 2. Laufke, 280; Philipp 260, Michaelis 439.

a) An sich ist auch nach EWG. für die Voraussetzungen und den Umfang der Haftung jedes Wechselschuldners seine Erklärung maßgebend. Der Aussteller kann zwar auch jetzt nicht die Haftung für die Zahlung ausschließen (Art. 9/2 EWG.) — der Vermerk gilt als nicht geschrieben (ebda) — aber die für die Annahme (Art. 9/2 EWG.). Die geltende WO. läßt, nach herrschender Ansicht[42]), den Haftungsausschluß nicht zu (Art. 8 WO.). Die Stellung des EWG. hängt mit dem (unter D) noch zu erörternden Aufgeben des Grundsatzes der Akzeptabilität der Tratte, die das neue EWG. (Art. 22/2 EWG.) auch ausschließen läßt, zusammen. Der Aussteller kann aber die Haftung für die Annahme auch ablehnen, wenn die Tratte von ihm nicht als unakzeptabel erklärt, ja sogar mit einem Präsentationsbefehl — die Vorlegung zur Annahme wird ausdrücklich von ihm vorgeschrieben (Art. 22/1)[43]) — versehen ist[44]). Doch schließt die Freizeichnungserklärung des Ausstellers einerseits weder die Haftung der Indossanten für die Annahme (Art. 15), noch seine eigene Haftung bei Unsicherheit des Bezogenen, also doch noch vor Verfall, aus (Art. 43). Wie jetzt (Art. 14 WO.) kann aber auch nach dem EWG. (Art. 15/1) jeder Indossant durch die Angstklausel („ohne Obligo") die Haftung sogar für den Eingang der Zahlung ausschließen. Auch der „Annehmer" haftet wie nach der geltenden WO. (Art. 22) nur nach dem Inhalte seiner Erklärung (Art. 26/2 EWG.), mag auch durch die der Annahme beigefügten Einschränkungen — nur die Einschränkung auf einen Teil der Wechselsumme schließt den Regreß mangels Annahme für diesen Teil aus

---

[42]) Staub-Stranz, Art. 8, Anm. 1. Bernstein, WO., S. 73, Lehmann, Lehrb. des WR. 440 sehen dann den Wechsel für ungültig, dagegen Michaelis 105 und Canstein, WR. 72 den Vermerk für nicht geschrieben an.

[43]) Die Begründung der Reg. Vorl. d. Haager EWG. (Art. 9), S. 63, scheint in diesem Falle das Gegenteil anzunehmen. Aber dem Aussteller kann daran liegen, den Bezogenen sofort in eine wechselmäßige Haftung zu ziehen, ohne bei Verweigerung ihrer Übernahme sofort herangezogen werden zu wollen (Art. 43/2, Z. 1), da er ja für den Eingang bei Verfall ohnehin haftet; auch Ehrenannahme ist hier (arg. Art. 56/1) zulässig.

[44]) Wird die mit dem Zusatz „non-acceptable" versehene Tratte dem Bezogenen gleichwohl vorgelegt und nicht akzeptiert, so haftet der Aussteller nicht, da ja dieser Zusatz die Ausschließung der Haftung des Ausstellers für die Annahme in sich schließt: Hirsch, der Rechtsbegriff Provision im französ. u. intern. Wechselrecht 1930, 119 Siehe unter D—a, insbes. bei Anm. 53.

(Art. 26/1, 51 EWG.) — gegenüber den Regreßschuldnern die Annahme als verweigert gelten.

Es kann aber auch, also eine Änderung gegenüber dem geltenden WR., nicht nur der Aussteller — (wann immer, nicht allein im Falle eines Domizilwechsels, unten D—e) —, sondern auch jeder Indossant mit oder ohne Fristsetzung dem Inhaber einen Befehl, den Wechsel zur Annahme vorzulegen erteilen (Art. 22/4 EWG.). Die Versäumnis dieser Fristen kommt nur dem Indossanten, der sie vorschreibt (Art. 53/3 EWG.) zustatten, wie der Vermerk „ohne Protest" ebenfalls nach dem Grundsatz der Selbständigkeit nur den Regreßschuldner bindet, von dem er ausgeht (Art. 46/3, Satz 1); aber gerade an dieser Bestimmung kann man auch die Durchbrechung des Grundsatzes erkennen:

β) Diese Erklärungen des Ausstellers wirken nämlich als prinzipale auf die Rechte der Wechselnehmer ein. Nur seine Rektaklausel (nicht die eines Indossanten) nimmt dem Wechsel nach wie vor die Indossabilität (Art. 11/2 und Art. 15/2 EWG.). Seine Protesterlaßklausel wirkt gegenüber allen Wechselverpflichteten (Art. 46/3, Satz 1 EWG.). Die von ihm für die Präsentation eines Sichtwechsels oder Zeitsichtwechsels gesetzte Frist kann von Indossanten nie verlängert, sondern nur verkürzt werden (Art. 23/3, Art. 34/1, Satz 4 EWG.); das entspricht zwar auch der für die WO. vertretenen Ansicht, wird aber jetzt ausdrücklich hervorgehoben. Dort, wo der Amtsprotest durch Vermerk ersetzbar ist — unten E—b—γ) — kann der Aussteller den Amtsprotest im Wechsel vorschreiben (Ref. Art. 8). Das Annahmeverbot[45]) des Ausstellers und das Verbot des Ausstellers, den Wechsel vor einem bestimmten Tag zur Annahme zu präsentieren (Art. 22/3 EWG.) bindet auch die Indossanten (Art. 22/4 EWG.). Nur der Aussteller kann diese Präsentationsverbote und Präsentationsvertagungen wechselmäßig verfügen oder bestimmen, daß die Wechselsumme zu verzinsen (Zinsenwechsel) ist, was an sich nur beim Sichtwechsel und Zeitsichtwechsel und nur unter Angabe des Zinsfußes wirksam ist[46]) (Art. 5 EWG.). Nur die

---

[45]) Darüber unten D.

[46]) Weitgehende Änderung gegenüber dem bisherigen deutschen Wechselrecht (Art. 7 WO.), das die Zinsklausel als nicht geschrieben ansieht, während das österr. WR. den Wechsel durch sie gar vernichten läßt (MVdg., 2. November 1858, RGB. 197). Denkschrift 1932, S. 80. Beginn des Zinsenlaufs bei Fehlen einer Festsetzung mit dem Tag der Ausstellung, Art. 5, Abs. 3 EWG.

Festsetzung des Umrechnungskurses einer am Zahlungsort nicht als Währung geltenden Geldart durch den Aussteller entscheidet (Art. 41/2 EWG.)[47]. Daraus ergibt sich, daß das Gesetz diese auf die „bestimmte Geldsumme" (Art. 1, Z. 2 EWG.) sich beziehenden Bestimmungen, wie schon die Präsentationsbestimmung ebenso zum Inhalt des Grundwechsels zählt, wie etwa die Festsetzung der Ausschließung der Begebung von Duplikaten (Art. 64/3, Satz 1 EWG.).

D. Pflicht der Vorlage zur Annahme, Vorlage- (Präsentations-) Verbote und -Vertagungen

a) Die nicht akzeptable Tratte. Wohl eine der bedeutendsten Änderungen, die das neue EWG. gegenüber dem geltenden WR. aufweist, spricht Art. 22/2 aus (entsprechend Art. 21 des Haager EWG.): „Der Aussteller[48] kann im Wechsel die Vorlegung zur Annahme untersagen..." Der Grundsatz, daß der Aussteller die Annahme[49], bei sonstiger Regreßpflicht vor Verfall, zu garantieren hat (WO. Art. 18/2, 25, 29 WO.), ist ja aufgegeben. Dieser kann einerseits jede Garantie dafür ausschließen (Art. 9/2 EWG.), andererseits geradezu ein Annahmeverbot aussprechen (Art. 22/2). Das Prinzip der Akzeptabilität der Tratte ist nicht mehr zwingende Norm. Es wird also die viel umkämpfte nicht-

---

[47]) Auch eine Änderung gegenüber dem bisherigen Recht (Art. 37 WO.), die schon das poln. WR. (Art. 40) und das jugoslaw. WG. (§ 40) kennt. Besonders hervorgehoben zu werden verdient, daß in Genf (neu, auch gegenüber den Haager Beschlüssen) entsprechend der Judikatur ausdrücklich aufgenommen wurde (darüber eingehend Sokal, 246 f.), daß bei Zahlungsverzug in solchen Fällen der Inhaber die Wahl hat, ob er die Wechselsumme nach dem Kurs des Verfalltages oder dem des Zahlungstages umgerechnet haben will, so daß eine Spekulation des Schuldners (à la baisse) auf die Chancen eines Verzuges vereitelt wird. Art. 41/1, Satz 2 EWG. Denkschrift 1932, S. 88; Bericht Nr. 95 f. Bis zum Verzug hat er, wie bisnun — außer bei Effektivvermerk — ein Substitutionsrecht, also ein Wahlrecht, ob er in Heimwährungseinheiten oder in Fremdwährungsgeld zahlen will. Bericht Nr. 93.

[48]) Nur er: Siehe oben bei Anm. 45.

[49]) Anderes gilt für die Garantie der Zahlung des Annehmers, sogar vor Verfall: Art. 43 EWG., oben C—d—α und Bernstein, JW. 1927, 2972 (über die Haager gleichlautende Bestimmung, dort Art. 9).

akzeptable Tratte damit eingeführt[50]). Schlechte Zahlungssitten haben die Rimesse vielfach (z. B. Tschechoslow., Österreich) mindestens im Innenhandel fast außer Verkehr gebracht. Die Konkurrenz hat dieser Laxheit noch Vorschub geleistet. Die Klausel eines Schlußbriefes „Zahlung per Kassa oder Akzept" dürfte heute nicht allzu häufig sein. Gibt A der Kundschaft 6 Monate „Ziel" (ohne Akzept), so sein Konkurrent B 7 Monate usw. Dabei bilden die Außenstände meistens die einzige Kreditgrundlage des Lieferanten; er ist gezwungen, wenn er keine Rimessen mehr zur Verfügung hat, seine „offenen" Forderungen eskomptieren zu lassen. Ein solcher Kredit ist teuer und nicht ungefährlich, da es sich hier nicht um einen als Verkauf anzusehenden Eskompte, sondern um eine Sicherungsübereignung der Forderung handelt, die zu ihrer Wirksamkeit kostspielige Kontrollmaßnahmen[51]) und nach überwiegender Ansicht (vgl. OGH., 15. Jänner 1929, S. Z. XI/15) auch komplizierte Voraussetzungen hat, die wie z. B. die äußere Erscheinung des Übertragungsaktes (öst. R.) oder die Verständigung der Drittschuldner, d. i. der Abnehmer (deutsches BGB. § 1280), zu erfüllen der Kreditnehmer schon aus Prestigegründen[52]) zurückschreckt. Ganz anders die nicht akzeptable Tratte. Sie muß nicht die Öffentlichkeit scheuen. Der Aussteller bringt damit ein Papier in Verkehr, dessen Ausstellung ein wirklicher Warenlieferungsvorgang zugrundeliegt. Wird trotz des Verbotes der Wechsel dem Bezogenen vorgelegt und von diesem angenommen, so haftet der Bezogene aus seiner Annahmeerklärung, aber er gefährdet sein Recht auf Erstattung, weil er auftragswidrig handelt. Der Aussteller der nicht akzeptablen

---

[50]) Über die Meinungskämpfe, die sich an die Frage der Einführung dieses Instituts, gerade in Österreich schlossen: Karl Adler, Grünhuts Z., Bd. 37, 123, und Leo Hamburger: Das Recht auf die Deckung bei der nicht akzeptablen Tratte, 1913.

[51]) Wahre „faux frais": Siehe Hamburger, a. a. O. Oft muß der Kreditnehmer auch noch Deckungswechsel akzeptieren. Also eine verkehrte Welt: Der Lieferant als Akzeptant.

[52]) Siehe die eingehenden Ausführungen Landesbergers vom 8. März 1913 anläßlich der Enquete über den Entw. einer Ges. zur Einführung der einheitlichen (Haager) WO. „Der Kreditnehmer wird eher den Wechsel, der auf ihn gezogen ist, bei Verfall zahlen, als ihn ‚aus Furcht vor der Wechselstrenge' akzeptieren." Bericht (Genf) Nr. 58; diese Darlegung der Gründe ist von der Denkschrift 1932, S. 84 übernommen, die aber auch mit Recht noch darauf verweist, „daß es dem Gläubiger nur erwünscht sein könne, daß sein Schuldner bis zu einem bestimmten Zeitpunkt von der Übertragung der Forderung nichts erfährt".

Tratte haftet grundsätzlich nicht vor dem Verfall — daher auch nicht, wenn bei verbotwidriger Präsentation der Bezogene die Annahme ablehnt —, aber die Regreßhaftung besteht bei Insolvenz des Bezogenen (Art. 43/2, Z. 2 EWG.)[53]. Die Nehmer einer solchen Tratte, die den Wechsel weitergeben, sind zwar Regreßschuldner, haften aber vor Verfall auch nur, u. zw. mit Rückgriff auch gegen den Aussteller, bei Insolvenz des Bezogenen und dann noch bei Konkurseröffnung (Eröffnung des Ausgleichs- [Vergleichs-] Verfahrens) über das Vermögen des Ausstellers (Art. 43, Z. 3 EWG.) — Art. 444 code de commerce —, da es sich um einen dem Aussteller gewährten Kredit handelt. Wie aber, wenn der Aussteller über seine der Wechselziehung auf den Bezogenen zugrundeliegende Warenpreisforderung gegen den Bezogenen anderweitig verfügt und hierauf erst in den Konkurs gerät? Die natürliche Deckung bildet ja diese Forderung. Würde sie dem Wechselinhaber nicht zustehen, so würde sich ein anderer oder, im Konkurs des Ausstellers, die gesamte Gläubigerschaft schlechthin dieser Deckung auf Kosten des Wechselinhabers bemächtigen. Nach französischer Auffassung erhält der Wechselinhaber vor Fälligkeit ein Recht auf die der Wechselziehung zugrundeliegende Forderung — es muß die Forderung im Zeitpunkt der Wechselziehung noch gar nicht bestanden haben —, soweit sie bei Fälligkeit noch vorhanden ist („provision"): Art. 116/2, code comm. in der nov. Fassung nach dem Gesetz vom 8. Februar 1922. Der Aussteller kann nämlich zwar bis zur Fälligkeit über die „provision" verfügen, er kann sie zurückziehen oder austauschen; aber gleichwohl ist sie nicht Bestandteil seiner Masse und kann von seinen Gläubigern nicht gepfändet werden. Auch die erwähnte Verfügungsfreiheit des Ausstellers, die spätestens mit der Fälligkeit erlischt[54], hört nämlich in dem Augenblick auf, in dem der

[53]) Die Denkschrift (Haag), S. 81 bemerkt ganz richtig, „Die Voraussetzungen, unter denen der Aussteller Kredit erhalten hat, sind durch die Zahlungsunfähigkeit des Bezogenen erschüttert"... „Besonders wichtig ist das Regreßrecht bei Zahlungseinstellung des Bezogenen deshalb, weil das Kreditinstitut ein Interesse an der Abwicklung der Sache hat und nicht erst auf den Zeitpunkt warten dürfte, wo auch der Aussteller seine Zahlungen einstellt."

[54]) Hirsch, a. a. O., S. 58, bestreitet die Verfügungsfreiheit des Aussteller (auch ohne affectation spéciale) schon auf Grund der Nov. von 1922; and. Ans. wohl K. Arndt, „die Provisionsdoktrin — ein Ersatz für die Sicherungsabtretung von Forderungen" — in J. W. 1931, 3045 f.

Inhaber dem Bezogenen den Wechselerwerb mitteilt und ist mit der Begebung einer Tratte mit „affectation spéciale" (Widmung zur Zahlung, die aus dem Wechsel ersichtlich) hinfällig. Aber gerade bei der nicht akzeptablen Tratte ist nach franz. R. der Übergang der „provision" ausgeschlossen; die Klausel „non acceptable" hat die Wirkung, daß der Aussteller frei über die Forderung bis zum Verfall verfügen darf. Der Nehmer der nicht akzeptablen Tratte kann also gerade damit nicht rechnen, daß am Verfallstag die „provision" ausreicht. Im Konkurs tritt, wenn die vorhandene Provision geringer ist als die Summe der auf den Bezogenen gezogenen Wechsel, der Anspruch aus der nicht akzeptablen Tratte hinter dem der anderen zurück[55]). Die Einführung der nicht akzeptablen Tratte mit der landesgesetzlichen Festlegung[56]) des Überganges der, einer im Wechsel angeführten Faktura (Rechnung) zugrunde liegenden Forderung des Ausstellers gegen den Bezogenen wäre also etwas ganz Neues[57]).

Die Reserve des Art. 16 der Anlage II des Genfer Wechselrechtsabkommens überläßt es nun der Gesetzgebung jedes Landes zu bestimmen, ob der Inhaber Rechte auf die

[55]) Hirsch 55, 73, 119. Eine affectation spéciale f. d. Nehmer einer nicht akzeptablen Tratte hält Hirsch für ausgeschlossen, da ja gerade diese Art Wechselziehung dem Aussteller die Verfügung über die Provision erhalten will. Zweifelnd Arndt 3048, ganz anderer Ansicht Hamburger, S. 29.

[56]) Das Recht auf die Deckung durch die Warenpreisforderung steht mit dem Institut der nicht akzeptablen Tratte daher nicht bloß, wie Sokal, a. a. O., S. 242 meint, in einem — sehr — „praktischen" Zusammenhange. Leo Hamburger, das Recht auf die Deckung bei der nichtakzeptablen Tratte, 1913, ders., Buchforderungseskompte u. Zessionstratte, Z. Bl. 1931, S. 165 f. Karl Adler, bankpolit. Aufsätze I, 1913. Wieland, das Wechselrecht im Schweizer Entw. eines rev. O. R., S. 11, 17.

[57]) So hatte schon Landesberger, a. a. O. beantragt, daß eine Bestimmung aufzunehmen sei, wonach bei einem die Fakturendaten enthaltenden Vermerk des Ausstellers einer nichtakzeptablen Tratte die Warenpreisforderung dem Wechselinhaber als abgetreten zu gelten hat. (Über diese lex Landesberger: Hamburger, S. 5, u. Hirsch, S. 117.) Ähnlich Schweizer Entw. eines rev. O. R., Art. 1032/2. Wieland, a. a. O. Allgemeine Anträge auch während der Genfer Konferenz darüber drangen nicht durch. C. R. 303 f. (ital. Vorschlag.) Das sollte eben Sache des Landes sein, das die nicht akzeptable Tratte praktisch verwirklichen will (Bericht Nr. 144). Darauf verwies nebst dem Präsid. Limburg insbes. die deutsche Delegation. Strobele, das Genfer Scheckrechtsabkommen, S. 65. Quassowskis Ausführungen u. d. deutsche Entw. sind vor den Juliereignissen 1931 verfaßt.

Deckung hat[57a]). Der deutsche Entwurf und das österr. WG. unterließen die Aufnahme einer solchen Bestimmung. Damit wird zugunsten des unwirtschaftlichen, weil infolge der Gefahr der Nichtigkeit der Sicherung kostspieligen und nach jeder Richtung zweifelhaften Buchforderungseskomptes, der neu eingeführten, von vorneherein als Grundlage eines reellen und billigeren Kredites viel geeigneteren unakzeptablen Tratte die Entfaltungsmöglichkeit freilich abgeschnitten. (Über die internationalprivatrechtlichen Fragen, die das Problem aufwirft, unten VI—3.)

b) Der Bezogene, der nicht annimmt. Löst der Bezogene den Wechsel nicht am Zahlungstage laut Protestes ein — er entfällt bei Protesterlaß und (Art. 44/6 EWG.) bei Konkurs- (Ausgleichs-) Eröffnung, da dann das Eröffnungsedikt vorliegt —, so kann der Inhaber gegen den Aussteller und die übrigen Wechselschuldner Rückgriff nehmen (Art. 43/1 EWG.). Der Bezogene dagegen haftet, solange er nicht eine Wechselerklärung abgegeben hat, nicht wechselmäßig (arg. 28/1 EWG., „durch die Annahme"). Die Haftung wird erst durch seinen Skripturakt begründet. Dieser muß nicht das Akzept sein. Der Bezogene kann eine Wechselbürgschaft übernehmen (Art. 30/2), auch intervenieren (Art. 55/3) und, so er Wechselinhaber wird, auch weiter indossieren (Art. 11/3). Zahlt er aber bei Verfall die Wechselschuld, so gilt sie im Zweifel als getilgt (arg. Art. 40/2 EWG.); er würde denn den Wechsel sich indossieren lassen. Entgegen der WO. gibt ihm das EWG. auch ein Recht zur Einlösung (Art. 39/1).

Hat der Bezogene den Wechsel nicht rechtzeitig eingelöst, so kann er gleichwohl, wenn er die ihm mögliche (Art. 55/3 EWG.) Ehrenzahlung leistet — Frist: Art. 59/3 — Wechselrechte erwerben, ohne das Recht zur Weiterindossierung (Art. 63/1 EWG.).

c) Vorlage- (Präsentations-) Verbot und Aufschiebung der Vorlage. Das Präsentationsverbot ist in zwei Fällen unzulässig (Art. 22/2 EWG.): Der erste Fall betrifft den Zeitsichtwechsel (Art. 23). Das ist selbstverständlich, denn ohne Präsentation zur Annahme ist hier jede Fälligkeitsbestimmung unmöglich. Die zweite Ausnahme bezieht sich auf den Wechsel, der bei einem Dritten oder an einem vom Wohnort des Bezogenen verschiedenen Zahlungsort zahlbar ist (womit auch der uneigentliche Domizilwechsel in diese Gruppe ge-

---

[57a]) Denkschrift 93, Debatte darüber in C. R., S. 303 f.

reiht ist)[58]). Die Zulassung des Annahmeverbotes auch für Domizilwechsel — die Domizilierung hat im übrigen nach dem EWG. nur geringe rechtliche Bedeutung (vgl. unten e) — könnte zu Mißbräuchen durch Anführung erdichteter Bezogener[59]) führen. Für den ebenfalls neu eingeführten[60]) Präsentationsaufschub (Verbot, den Wechsel vor einem bestimmten Tag zur Annahme vorzulegen, Art. 22/3 EWG.) gelten diese Einschränkungen aber nicht. Eine solche Aufschiebung kann übrigens der Aussteller eines Zeitsichtwechsels nur insoweit verfügen, daß die gesetzliche oder von ihm vorgeschriebene (Art. 23/2) Vorlagefrist noch eingehalten werden kann. Leider übersieht das EWG. den Beginn der Vorlagefrist — den es bei Präsentationsaufschub für den Sichtwechsel erst mit dem Ende der für jenen festgesetzten Frist bestimmt (Art. 34/2) — für den Nachsichtwechsel ebenso zu verlegen (Art. 23/1, „nach dem Tag der Ausstellung"). Greift die Verbotsfrist über die Vorlagefrist, so fehlt dem Wechsel eine Verfallzeit. Er gilt dann als Sichtwechsel und ist nach Ablauf der Verbotsfrist auf Sicht zahlbar (arg. Art. 2/2 und Art. 34/2). Das Präsentationsverbot bei Zeitsichtwechseln und Domizilwechseln ist unbeachtlich[61]).

d) Präsentationsfreiheit und Präsentationspflicht. Die geltende WO. gibt dem Inhaber ein Recht der Präsentation zur Annahme, aber legt ihm nur, falls es sich um einen Zeitsichtwechsel (Art. 19 WO.) oder um einen auf einen Domizilwechsel vom Aussteller selbst gesetzten, ein Vorlagegebot enthaltenden Vermerk handelt, die Pflicht zur Annahmepräsentation auf (Art. 24/3 WO., Grundsatz der Freiheit der Präsentation). Das ist nun auch wesentlich geändert. Dem Inhaber jedes Wechsels, nicht bloß eines Domizilwechsels, kann einerseits diese Pflicht durch einen Vermerk auf dem

---

[58]) Der Ausdruck „Domizilwechsel" wird im Text des EWG. vermieden. Bericht Nr. 57.

[59]) Denkschrift (Haag), S. 68; Denkschrift 1932, S. 84; aber der Nehmer eines solchen Wechsels mit Präsentationsverbot ist ja zu besonderer Vorsicht gemahnt. Hupka, 13; vgl. auch poln. W. G., Art. 21, jugosl. § 21; Laufke, S. 289.

[60]) Das geltende WR. kennt den Präsentationsaufschub nur für Messe- und Marktwechsel (Art. 18, Satz 3 WO.).

[61]) Das gesetzwidrige Verbot hindert also auch nicht die Ehrenannahme solcher Wechsel (arg. Art. 56/1 EWG.). Das Verbot wird aber auf einen Ausschluß der Haftung für die Annahme weisen (Art. 9/2 EWG.).

Wechsel (Art. 53/3 EWG.) vorgeschrieben werden (Art. 22/1 EWG.), andererseits kann jeder Indossant, nicht bloß der Aussteller — Wechsel mit Annahmeverbot ausgenommen (oben c) — „in einem Indossament“ (Art. 53/3 EWG.) dies vorschreiben (Art. 22/4 EWG.). Gesetzlich wird die Pflicht im EWG. nur für den Zeitsichtwechsel ausgesprochen (Art. 23/1 EWG., näheres unten E—4—a—β). Das Vorlagegebot selbst kann zugleich eine Frist, innerhalb welcher der Wechsel zur Annahme vorzulegen ist, bestimmen. Ist keine Frist für die Erfüllung des Vorlegungsgebotes vorgeschrieben, so hat die Nichtvorlage nicht die Folge des Regreßverlustes (arg. Art. 53/2, „vom Aussteller vorgeschriebene Frist“). Die Versäumnis der vom Aussteller für die Annahme vorgeschriebenen Frist oder der Aufnahme eines Protestes mangels Annahme innerhalb (Art. 44/2 EWG.) dieser Frist präjudiziert gegenüber jedem Regreßschuldner mit Wirkung des Regreßverlustes (Art. 53/2 EWG.), die Versäumnis der nur im Indossamente vorgeschriebenen Fristen aber bloß gegenüber dem die Frist verfügenden Indossanten (Art. 53/3). Das gilt alles nur „im Zweifel“. Aus dem die Pflicht aussprechenden Vermerke kann sich ja auch ergeben, daß nur die Haftung für die Annahme, nicht die für die Zahlung, bei Nichtbeachtung des Vorlagegebotes als ausgeschlossen[62]) gelten sollte, so daß die Fristversäumnis dann zwar den Regreßverlust mangels Annahme, aber nicht den mangels Zahlung zur Folge hätte.

e) Die Präsentation zur Annahme (Domizilwechsel). „Bei Verfall“ (Art. 38/1 EWG.) ist zu zahlen; die Annahme käme dann zu spät. Das EWG. begrenzt äußerlich die Annahme nur „bis zum Verfall“ (Art. 21), also spätestens bis zum Tag vor dem Verfallstag (Art. 38/1 EWG.)[63]). Mit dem Anfang des Verfallstages ist die Annahmefrist verstrichen (§ 903 ABGB.); ein Protest mangels Annahme hätte dann (arg. Art. 44/2) gegenüber den Regreßschuldnern keine Bedeutung. Im übrigen wird nach wie vor auch eine spätere Annahme dem Annehmer die Wechselverpflichtung auferlegen. Wenn der Zahlungs-

[62]) Der Wortlaut des Art. 53 spricht zwar nur von der Vermutung der Einschränkung der Haftung des „Ausstellers“, aber der Sinn weist unzweideutig darauf hin, daß um so mehr das Gleiche gelten muß, wenn es sich um die Außerachtlassung der bloß in einem Indossament enthaltenen Fristsetzung handelt. Die Denkschrift 32, S. 93 scheint auch dieser Ansicht zu sein.

[63]) Denkschrift (Haag), 67. Vgl. unten Anm. 75 über das Auseinanderfallen von Zahlungstag und Verfallstag.

tag nicht mit dem Verfallstag zusammenfällt, verlängert sich die Frist also bis zu jenem (Art. 72 EWG.). Das gilt für alle innerhalb bestimmter Frist vorzunehmenden, den Wechsel treffenden Handlungen, insbesondere auch für die Frist zur Protesterhebung (Art. 72) und entspricht dem geltenden Recht (Art. 92 WO.). Eine Ehrenannahme ist nur noch spätestens einen Tag vor dem Verfallstag des Wechsels zulässig (Art. 56/1 EWG.). All dies gilt wohl auch schon nach dem Recht der WO. Zur Annahme ist der Wechsel wie bisher, aber nun kraft ausdrücklicher gesetzlicher Bestimmung, dem Bezogenen an seinem Wohnort vorzulegen (Art. 21 EWG.), auch bei Domizilvermerk. Die geltende WO. nimmt einen „Domizilwechsel" dort an, wo der Wechsel an einem vom Wohnort des Bezogenen verschiedenen Zahlungsort einzulösen ist (Art. 24/1 WO.). Ein solcher Wechsel erzeugt nach geltendem Recht eine bestimmte Pflicht, nämlich Erhebung des Protestes m. Zahlung am Domizil, auch zur Erhaltung des Wechselrechts gegen den Akzeptanten und Aussteller eines eigenen Wechsels (Art. 43/2, 99/2 WO.) nur bei benanntem Domiziliaten[64]). Enthält der Wechsel bloß eine Angabe einer Person (Stelle), die am Wohnort des Bezogenen (Zahlungsort) die Zahlung leisten soll (unechter Domizilvermerk), — nach französ. Recht leistet immer der Bezogene (durch den „domiciliataire") —, so entfällt dann diese Pflicht. Auch im neuen EWG. liegt echter Domizilvermerk nur bei Hinweis auf einen Dritten als Zahler, wenngleich am selben Ort, vor[65]), was auch sichtlich dadurch betont wird, daß das Wort „Domizilwechsel", das noch das Haager EWG. wiederholt gebraucht (Haager EWG., Art. 4, 21, 79/2) nunmehr ausgemerzt ist[66]). Zahlbarstellung des Wechsels bei einem Dritten am Wohnort des Bezogenen oder anderswo

---

[64]) Hier wich seit der Nov. 3. Juni 1908 das deutsche Wechselrecht vom österr. ab, da jenes auf keinen Fall zur Erhaltung des Wechselrechtes gegen den Akzeptanten Protesterhebung verlangte, während das Schweizer OR. (Art. 764) mit der geltenden österr. WO. und dem tschechoslowak. WR. (§ 39/2 tschech. WG.) übereinstimmt.

[65]) Vgl. Art. 27/I, Satz 2 („zu zahlen").

[66]) Das Haager EWG. ging dabei von der franz. Auffassung des Domizilwechsels (Zahlbarkeit bei einem Dritten, gleichgültig ob am Wohnort des Bezogenen oder an einem anderen Ort) aus, während das Genfer EWG. eben um die Verschiedenheit der deutschen und franz. Auffassung zu vermeiden, auf den Begriff überhaupt verzichtet.

(Art. 4, 22/2 EWG.) oder Beifügung eines vom Wohnort des Bezogenen verschiedenen Zahlungsortes (Art. 4, 22/2, 27/1 EWG.), mag von vornherein dabei schon bei der Ausstellung der Dritte genannt sein oder vom Bezogenen bei der Annahmeerklärung im Wechsel ein solcher bezeichnet werden oder auch jede solche Bezeichnung unterbleiben — mangels einer rechtzeitig angebrachten Bezeichnung eines Dritten gilt auch nach dem neuen EWG. der „Annehmer“ selbst als Zahlstelle (Art. 27/1, Satz 2 EWG.) —, hat einerseits gleiche Wirkung (Ausschließung des Annahmeverbotes: Art. 22/2), andererseits auch nicht mehr die Folge, bei Protestunterlassung zur Ausschließung des wechselmäßigen Anspruches gegen den Annehmer zu führen (Art. 53, Abs. 1, „mit Ausnahme des Annehmers“).

Zur Präsentation zur Annahme ist nach dem Art. 18/1 WO. grundsätzlich der Inhaber berechtigt. Allein schon der „bloße Besitz“ gibt die „Ermächtigung“, auch ohne wechselmäßige Legitimation (Art. 18, Abs. 3 WO.), die Inhabung (im sachenrechtlichen Sinn) genügt[67]). Auch das EWG. stellt dem „Inhaber des Wechsels“, d. i. dem wechselmäßig Legitimierten (Art. 16, Abs. 1) den gegenüber, der den Wechsel „auch nur in Händen hat“ (Art. 21) und, wie jetzt, ist zwar auch dieser zur Präsentation zur Annahme, aber nur jener zur Präsentation zur Zahlung (Art. 40/3, 38/1) berechtigt. Denn „wer den Wechsel in Händen hat“, gilt als „Inhaber“ erst dann, wenn er sein „Recht“ durch „eine ununterbrochene Reihe von Indossamenten nachweist“ (Art. 16/1).

E. Zahlung und Rückgriff

1. Zahlungsarten. Teilzahlung.

Auch das EWG. nennt als Tilgungsart der Wechselschuld nur die Zahlung der Summe oder die Abrechnung in einer Abrechnungsstelle[68]), bei der der Bezogene vertreten ist. Art. 28/1 EWG. verpflichtet den Annehmer, den Wechsel bei Verfall zu „bezahlen“. Die Zahlungsarten bestimmt das nationale Zivilrecht (§ 362 BGB., § 1412 ABGB.). Privater Kompensation des Schuld-

---

[67]) Z. B. der „Besitzdiener“ (§ 855 BGB.), ein Angestellter des Wechselbesitzers.

[68]) So auch schon das vom § 10 öst. Scheckges. beeinflußte (Denkschrift 76) Haager EWG. (Art. 37).

ners mit einer anderen als einer fälligen Wechselforderung oder einer sonst durch rechtskräftige gerichtliche Entscheidung festgestellten Forderung, wird in manchen Wechselgesetzen (vgl. § 94 ung. WG., § 88 tschech. WG.) ausdrücklich die rechtliche Wirkung abgesprochen, Regreßansprüche auszuschließen. Nach deutschem, österr. und französischem Recht ist Aufrechnung dagegen gestattet, während die englische Lehre sie verwirft, wenn nicht gegenseitiges Einverständnis vorliegt[69]). Aber auch aus Art. 17 EWG. (Beziehungen zu einem früheren Inhaber) wird man auch für das EWG. folgern können, daß Aufrechnung mit einer kompensablen Gegenforderung gegen den Inhaber die Wechselschuld tilgt und damit auch Regreßrechte nicht mehr entstehen läßt. Was „Zahlung" sein soll, ergibt Art. 1, Z. 2 („bestimmte Geldsumme zu zahlen"), ist also zwingende Norm. Zahlung eines auf fremde Währung, z. B. Dollars lautenden Wechsels mit Scheck, z. B. mit einem Scheck auf New York, ist nicht „Einlösung" (vgl. Art. 8, „einlöst"), obwohl der intern. Bankenverkehr ein mit dem Vermerk „zahlbar mittels Scheck" versehenes Papier als Wechsel wertet[70]).

Teilzahlungen (unten III—2) muß der Inhaber nur vom Bezogenen annehmen. Das zeigt Art. 39/3 EWG. Anders die geltende WO. (arg. Art. 39/2, „Wechselschuldner"), wo nur Teilzahlung eines Ehrenzahlers ausgeschlossen ist. Die gleiche Regelung zeigt das einheitl. Scheckgesetz (ESG.) der Genfer Konvention 1931 im Art. 34/2 (anders § 11/2 öst. Scheckgesetz).

2. Sicherheitsregreß.

Eine weitere einschneidende Änderung des EWG. gegenüber dem geltenden WR. bedeutet die dem Haager EWG. (Art. 42) folgende Einführung des Zahlungsregresses statt des bloßen Sicherheitsregresses in den bereits erwähnten Fällen der Unsicherheit des Bezogenen (Konkurseröffnung, fruchtlose Exekution, Zahlungseinstellung) oder seiner Akzeptverweigerung und im Falle der Konkurseröffnung über das Ver-

---

[69]) Byles 224. Daß Tilgung durch Kompensation nach geltendem deutschen (österr.) WR. für zulässig erkannt wird — selbst wenn die Gegenforderung in keinem rechtlichen Zusammenhange mit der Wechselschuld steht — zeigt OGH., 1. Juli 1931, Rechtspr. 1931, Nr. 292.

[70]) Das war die Auffassung der Konferenz. Sokal 256.

mögen des Ausstellers einer nicht akzeptablen Tratte (Art. 43 EWG.). Der Konkurseröffnung ist im öst. WG. (Art. 43) — hiezu gewährte die Ref. Art. 10 die Möglichkeit — die Eröffnung des gerichtlichen Vergleichs- (Ausgleichs-) Verfahrens oder der Geschäftsaufsicht gleichgestellt[70a]. Nach geltendem WR. kann bloß wegen nicht erhaltener Annahme oder bei Unsicherheit des Akzeptanten und auch dann nur Sicherstellungsregreß genommen werden (Art. 25, 29 WO.), der zu einer lästigen Bindung des Geldes bei Gericht, das auf Wechselgrundlage kreditiert wurde, führt. Nach englisch-amerik., skandinavischem und vorsowjetrussischem Vorbild läßt nun das EWG. (und schon bei Unsicherheit und Vermögensverfall des Bezogenen)[71]) gleich das Verlangen auf Zahlung zu, d. i. auf Zahlung der Wechselsumme, unter Abzug eines, nach dem am Tag des Rückgriffes am Wohnort des Inhabers geltenden Diskontsatz seiner heimischen Notenbank berechneten Diskontos (Art. 48, Abs. 2 EWG.)[72]). Handelt es sich um einen Zinsenwechsel (oben C—c), so treten zur Wechselsumme die bedungenen Zinsen hinzu, wobei vom ganzen dann der Diskont abgezogen wird. Der Rückgriff vor Verfall setzt, wo sein Grund die Verweigerung der Annahme, ganz oder zum Teile, ist, Erhebung eines Protestes mangels Annahme innerhalb der zur Annahme vom Gesetz oder Rückgriffsschuldner vorgeschriebenen Frist (D—a) gemäß Art. 44/1 und 2 — Protesterlaß ausgenommen — voraus (wie bis nun). Eine Protestaufnahme am Tage nach Ablaufe der Vorlagefrist ist nur bei Präsentation am letzten Tag der Annahmefrist und dem dabei vom Bezogenen laut Protestvermerk geäußerten Wunsch einer Überlegungsfrist noch (Art. 44/2, Art. 24/1) rechtzeitig. Liegt der Grund des Rückgriffes in der Unsicherheit des Bezogenen, so ist gegenüber dem Bezogenen eine Präsentation zur Zahlung und Protesterhebung mangels Zahlung bei ihm, nicht etwa beim Domiziliaten, notwendig (Art. 44/5 EWG.). Die geltende WO. setzt Zahlungsverfall „nach Ausstellung des Wechsels" voraus (Art. 29);

[70a]) Denkschrift 1932, S. 89, Begr. des Entw. eines Einf. G. 18.

[71]) Art. 43, Z. 2, „gleichviel, ob er den Wechsel angenommen hat".

[72]) Das Haager EWG., Art. 47/2, gab dem Inhaber die Wahl, ob er diesen Diskontsatz zur Grundlage der Berechnung machen will oder den Marktsatz, der am Tage des Rückgriffes am Wohnort des Inhabers gilt.

das EWG. kennt diese Einschränkung zwar nicht; aber eine fruchtlose Zwangsvollstreckung vor der Ausstellung des Wechsels hat die Übernahme des Wechsels anscheinend nicht gehindert, muß also belanglos bleiben[73]). In beiden Fällen — das ist anders nach geltendem WR., das nur Notifikation nach Verfall vorschreibt — trifft den Inhaber die Pflicht, seinen unmittelbaren Vormann und — wieder eine Neuerung! — den Aussteller hievon zu benachrichtigen (Art. 45/1 EWG.). Protestkosten, Notifikationsspesen und „andere Auslagen" erhöhen die dem Inhaber gebührende Rückgriffssumme (Art. 48/1, Z. 3 EWG.). Wann Unsicherheit des Bezogenen anzunehmen ist, wird, wie oben angeführt, im wesentlichen wie nach geltendem Rechte (Art. 29, Z. 1 und 2 WO.) geregelt (Art. 43/2, Z. 2 EWG.). Erklärter Vermögensverfall (Konkurs-, Ausgleichsverf., Geschäftsaufsicht) erspart Protesterhebung (Art. 44/6). Es wäre ja wirklich nur eine nutzlose und überflüssige Formalität[74]), dem Insolventen den Wechsel noch zur Annahme vorzulegen und — die Annahme würde an sich anfechtbar sein — bei Verweigerung Protest zu erheben. Die Res. 11 gibt der Landesgesetzgebung die Möglichkeit, bei Rückgriff wegen Unsicherheit (Konkurseröffnung oder gerichtlichem Vergleichsverfahren über das Vermögen) des Bezogenen oder eines Ausstellers einer nicht akzeptablen Tratte, Fristen, die aber den Verfallstag des Wechsels nicht überschreiten dürfen, den Rückgriffsverpflichteten zu gewähren. Davon hat weder das neue öst. WG. noch der deutsche Entw. Gebrauch gemacht. Ob die „Unsicherheit" des Ausstellers des eigenen Wechsels zum Regreß vor Verfall berechtigt, ist nicht deutlich im EWG. gesagt. Art. 98, Z. 4 der geltenden WO. bejaht die Frage. Da im Art. 78 EWG. bestimmt wird, daß der Aussteller des eigenen Wechsels in der gleichen Weise hafte wie der Annehmer eines gezogenen Wechsels — also wie bisher auch bei Unterlassung der Präsentation zur Zahlung und Unterlassung der Protesterhebung darüber —, und Art. 77 sämtliche Bestimmungen über den Rückgriff mangels Zahlung, insbesondere auch den Art. 44 auf den eigenen Wechsel anwenden läßt, so wird man daher dem Inhaber schon bei Unsicherheit des Ausstellers des eigenen Wechsels, auch vor Verfall, Rückgriff auf Zahlung gegen die Indossanten zugestehen müssen.

[73]) Ebenso Langen, Zeitschr. f. HR. (Ehreneintritt nach Haager EWR.), 90. Bd., S. 95/122; M. Kößler, A. Z. 32, 430.

[74]) Denkschrift (Haag), S. 80.

3. Zahlungsregreß

Im allgemeinen sind die bisher geltenden Voraussetzungen des vollen Regresses Präsentation (Art. 41/1 WO., jetzt Art. 38, 53 EWG.), Protesterhebung (Art. 41/2 WO., jetzt Art. 44/1, 53 EWG.) und Notifikation (Art. 45 WO. und EWG.) geblieben, aber im besonderen hat sich manches geändert. Darüber nun so viel:

4. Präsentation und Protesterhebung

a) Allgemeines.

α) Allgemeine Voraussetzung ist nebst der Präsentation (unten β) jetzt immer, nicht nur wie nach geltendem Recht bei Rückgriff gegen den Aussteller und Indossanten[75]), immer die Protesterhebung mangels Zahlung, soll gegen irgendeinen Wechselverpflichteten, mit Ausnahme des Akzeptanten, Regreß genommen werden. Das hebt Art. 53/1 EWG. („Indossanten, Aussteller und alle anderen Wechselverpflichteten mit Ausnahme des Annehmers") ausdrücklich hervor. Daß auch der Avalist der

[75]) Der Protest mangels Zahlung muß — wieder eine Änderung gegenüber dem geltenden Rechte (Art. 41, letzter Abs. WO.) und gegenüber dem Haager EWG., das sich der WO. anschloß — nach französ. (Art. 162 c. com.) Vorbild an einem der beiden auf den Zahlungstag folgenden Werktagen, also nicht am Zahlungstag erhoben werden (Art. 44/3). Hier ist aber ein eigentlicher Vorbehalt in der Res. 9 gemacht, d. h. es wird der Landesgesetzgebung freigestellt, vom EWG. abzuweichen und die Erhebung des Protestes auch schon am Zahlungstag oder an den beiden Werktagen, die diesem folgen, vorzuschreiben. Davon hat man in Österreich keinen Gebrauch gemacht (Art. 44/3 WG.) Die Zahlungssitten hätten wirklich nicht noch mehr gelockert und die Möglichkeit der Regreßnahme auch nicht verzögert werden müssen. Entgegen dem Referentenentwurf, der mit Recht diesen Erwägungen Rechnung trug und es beim jetzigen Zustand beließ, weicht das Gesetz davon ab. Die Verschiedenheit der Landesgesetze, die in den Kauf genommen wird, wird bei internat. Wechseln zur Protesterhebung nach dem strengsten Gesetz nötigen, da (Art. 4/2 IWG.) sonst die Haftung aus der im dortigen Bereich abgegebenen Erklärung erlischt. Daß der Zahlungstag nicht immer der Verfallstag ist (vgl. z. B. Art. 72 EWG.: Feiertage!), wird im EWG. ohnehin nicht deutlich immer unterschieden: Deutlich aber z. B. im Art. 41; auch die Verjährung zählt vom „Verfallstag" (Art. 70), das Akzept kann bis zum Zahlungstag (Art. 21) eingeholt werden. Der Inhaber, der das Akzept am Verfallstag, der noch nicht Zahlungstag ist, vergeblich eingeholt hat, verliert nicht seine Regreßrechte mangels Zahlung (oben D—e); aber der Zinsenlauf für die Wechselsumme beginnt schon mit dem Verfallstag (Art. 48, Z. 2 EWG.).

Regreßschuldner nur unter der Voraussetzung haftet, wie diese, war auch bis nun herrschende Lehre[76]), aber nicht ausdrücklich geregelt. Jetzt wird das im Art. 32/1 EWG. deutlich gesagt. Die Wechselbürgschaft kann auch für den Akzeptanten geleistet werden (arg. Art. 30/1 und 31/4)[77]). Haftet nun der Avalist des Annehmers auch bei Unterlassung der Protesterhebung? Art. 53 EWG. nimmt nur den „Annehmer" von allen anderen Wechselverpflichteten aus, die durch diese Säumnis befreit werden. Zu den anderen rechnet aber gerade Art. 47/1 „Aussteller, Indossanten und Avalisten". Auch Art. 46/1 beweist es: Zur Regreßnahme gegen den Avalisten bedarf es der Protesterhebung, wenn nicht der Aussteller oder er selbst den Protesterlaßvermerk auf den Wechsel gesetzt hat[78]). Das ändert den geltenden Rechtszustand[79]). Eine weitere, bereits erwähnte Änderung bedeutet aber die unbedingte Haftung des Akzeptanten auch eines bei einem Dritten, u. zw. nicht am Wohnorte des Bezogenen zahlbar gestellten Wechsels im Falle der Unterlassung der Protesterhebung. Damit wird der Grundsatz des Art. 43/2 WO., (den noch 39/2 des tschechoslow. WG. aufrechterhält), verlassen[80]). Da die Ehrenannahme nur zugunsten eines Regreßschuldners

---

[76]) Lenhoff, Sp. IX/2, S. 198, Adler, § 37 und S. 19. Vgl. unten III/4.

[77]) Im tschech. WG. wird dieser Fall auch noch ausdrücklich erwähnt (§ 62/3).

[78]) Art. 32/1 EWG. steht dem nicht entgegen. An sich „haftet der Wechselbürge in der gleichen Weise wie derjenige, für den er sich verbürgt hat", aber eben nur insoferne, als nicht das EWG. selbst seine Haftung nicht noch an andere Voraussetzungen bindet. Der Avalist garantiert ähnlich wie der Aussteller und die Indossanten die Zahlung des Akzeptanten. Die gleiche Erwägung, die eine Protesterhebung für die Inanspruchnahme dieser fordert, spricht daher auch für die Erfüllung dieses Erfordernisses bei Rückgriff gegen jenen.

[79]) Der Avalist des Akzeptanten ist also nach der EWG. nicht mehr Hauptschuldner wie bisher (Adler 19), sondern nur Regreßschuldner; das geltende Recht dagegen, das Protesterhebung überhaupt nur zur Erhaltung der Regreßrechte gegen Aussteller und Indossanten verlangt, sieht die Verbindlichkeit des Avalisten des Akzeptanten als Hauptverbindlichkeit an (Art. 81 WO.), weshalb der Avalist zahlen muß, auch wenn der Protest unterblieben ist. Rouček, tschech. WG. 279.

[80]) Oben D—e. Siehe Denkschrift (Haag), S. 88. Damit bleibt das Recht gegen den Akzeptanten unter allen Umständen auch bei domiziliertem Sichtwechsel erhalten. Seine Verjährung beginnt wie bisher mit dem Ablauf der Präsentationsfrist (Art. 34/1 EWG.).

zulässig ist (also nicht des Akzeptanten)[81]) — Art. 55/2, Art. 57, Satz 2 EWG. — und der Ehrenakzeptant in der gleichen Weise haftet wie der Honorat (Art. 58/1 EWG.), so ist auch zu seiner Inanspruchnahme schon deshalb — abgesehen von der eben erörterten Bestimmung des Art. 53/1 EWG. („alle anderen Wechselverpflichteten") — Protesterhebung erforderlich. Ob die geltende WO. dagegen nur — (was selbstverständlich ist) — die rechtzeitige Präsentation an ihn (Art. 60, Satz 2 WO.) und nicht auch noch die Protesterhebung gegen den Akzeptanten, um seine wechselmäßige Haftung geltend zu machen, fordert, ist bestritten[82]). Wird innerhalb der Präsentationsfrist der Sichtwechsel dem Bezogenen vorgelegt und nicht honoriert, so muß nach der WO., mag auch das Ende der gesetzlichen oder im Wechsel bestimmten Frist noch lange nicht gekommen sein (Art. 31 WO.), der Protest mangels Zahlung spätestens am zweiten Werktag nach dem Tag der Vorlegung erhoben werden (Art. 41 WO.). Ganz anders nach dem EWG. Der Protest muß nämlich nach Art. 44, Abs. 2 u. 3 EWG. beim Sichtwechsel nur innerhalb der Vorlagefrist erhoben werden; der Protestfrist (sonst nur zwei Werktage) ist hier also ein weiter Raum wahrlich geschaffen[83]). Wird gar zum ersten Mal der Sichtwechsel dem Bezogenen am letzten Tag der Vorlegungsfrist vorgelegt, so ist der am nächsten Tag erhobene Protest noch rechtzeitig (Art. 44/2 EWG.); wäre schon früher vorgelegt worden, so wäre diese Protesterhebung verspätet.

β) Weitere Voraussetzungen bei Nachsichtwechseln und Wechseln mit Präsentationsgeboten. Nach dem neuen WR. genügt nicht immer der Protest mangels Zahlung, um Zahlungsregreß zu nehmen. Auch nach geltendem Recht hatte die Unterlassung rechtzeitiger Präsentation zur Annahme den Verlust auch der Regreßrechte mangels Zahlung zur Folge, aber nur dort, wo es sich um „Nach-Sicht-Wechsel" (Art. 19 WO.) handelt. Das ist geblieben (Art. 23, 53 EWG.), aber der Verfall der Regreßrechte wegen Unter-

[81]) Das Haager EWG. kannte dagegen den Eintritt auch zu Ehren des Akzeptanten (Art. 54/2 „jedes Wechselverpflichteten"). Vgl. Denkschrift 94.

[82]) Art. 62 spricht eher für das Postulat der Protesterhebung („den Erfolg im Protest mangels Zahlung"); darauf beruft sich Adler 114, ebenso Grünhut 489, and. Ans. Rouček 126, Michaelis 287 u. a. m.

[83]) Langen, a. a. O., 1108.

lassung der Präsentation zur Annahme wird auf alle Fälle ausgedehnt, wo entgegen dem Gebot, den Wechsel innerhalb bestimmter Frist zur Annahme vorzulegen, der Wechsel nicht zur Annahme vorgelegt oder wenngleich vorgelegt, nicht mangels Annahme, oder bei, wenngleich undatierter Annahme nicht wenigstens mangels Datierung protestiert worden ist (Art. 25, Abs. 2 EWG.). Allerdings verliert in dem zuletzt erwähnten Falle (Unterlassung des Protestes mangels Datierung) der Inhaber die Rückgriffsrechte nur gegen den Aussteller und die Indossanten (nicht gegen die anderen Wechselverpflichteten!). So will es Art. 25/2, Satz 2 EWG. Ist keine Frist für die Einholung des Akzeptes vorgeschrieben (Art. 22/1 EWG.), so hat die Unterlassung der Präsentation des Zeitsichtwechsels zur Annahme innerhalb eines Jahres nach dem Tag der Ausstellung — hat der Aussteller die Präsentation vor Ablauf einer bestimmten Frist verboten (Art. 22/3 EWG.), beginnt der Lauf jener Jahresfrist erst mit dem Tag nach Ablauf dieser Frist (Art. 23/2, „längere Frist", analog Art. 34/2, letzter Satz) — den Verlust aller Regreßrechte zur Folge (Art. 53 EWG.). Ob der Bezogene haftet, richtet sich darnach, ob er angenommen hat. Ist der Tag der Annahme aus dem Wechsel ersichtlich, so bestimmt dieser, sonst der Tag der Aufnahme des Protestes mangels Datierung den Verfallstag (Art. 35/1 EWG.). Fehlt dies alles, so wird unwiderleglich („gilt": Art. 35/2) vermutet, daß die Annahme am letzten Tag der Präsentationsfrist geschehen ist; darnach richtet sich dann der Verfallstag, also auch dann, wenn in Wirklichkeit der Wechsel erst nach Ablauf der Präsentationsfrist angenommen worden ist. (Wichtig für die Verjährung und Ausschließung einer auf Art. 21 gestützten Einw.)

Von Fällen befristeter Vorlagegebote abgesehen, hat die Unterlassung der Präsentation zur Annahme nicht den Verlust des Zahlungsregresses zur Folge, wie dies noch — freilich war ja nur für den domizilierten Wechsel dem Belieben des Ausstellers das Gebot einer Präsentation zur Annahme überlassen (oben D—γ) — die geltende WO. (Art. 24/2) verfügt (arg. Art. 53/2 EWG.)[84]). Die Folgen der Unterlassung der Präsentation zur Annahme innerhalb der hiefür vorgeschriebenen Frist sind bereits oben (D—δ) erörtert worden.

[84]) „Versäumt der Inhaber die für die Vorlegung zur Annahme vorgeschriebene Frist..."

Die Unterlassung der rechtzeitigen Präsentation zur Zahlung hat dort, wo nicht ohnehin schon früher Protest mangels Annahme erhoben worden ist — darin liegt ein weiterer Grund, die Annahme nur bis zum Verfall überhaupt zuzulassen (Art. 21, Ausnahme Zeitsichtw., oben) —, den Ausschluß der Regreßrechte zur Folge. Für die Zahlungspräsentation ist der Zahlungstag oder einer der ihm folgenden zwei Werktage vorgeschrieben (Art. 38/1 EWG.). Von der Res. des Art. 5[85]) hat weder der deutsche Entw. noch das österr. WG. Gebrauch gemacht; die Regelung entspricht auch dem geltenden Recht; dieses läßt freilich gerade hierin — Art. 41 WO. spricht nur von der Zeit der Protesterhebung — Klarheit vermissen. (Art. 40 WO., „nach Ablauf der für die Protesterhebung bestimmten Frist".) Für Sichtwechsel, die ja bei Vorlegung fällig sind, schreibt Art. 34 EWG. die Vorlegung binnen der vom Aussteller bestimmten oder in Ermanglung einer solchen Bestimmung innerhalb eines Jahres nach der Ausstellung oder bei Präsentationsverbot nach Ablauf der hiefür bestimmten Frist vor (nach Art. 31 WO. dagegen 2 Jahre). Wird er erst nachher vorgelegt und angenommen[86]), so ist die Annahme (arg. Art. 21) wie erwähnt, für den Annehmer wirksam (Art. 53).

Der Protest mangels Annahme ersetzt jetzt aber[87]) die Zahlungspräsentation und den Protest mangels Zahlung (Art. 44/4 EWG.) und wahrt damit die Regreßrechte.

γ) Fälle der Überflüssigkeit der Protesterhebung, Protesterlaß, Fehlen des Originals, Protestersatz, höhere Gewalt. Die Protesterhebung kann unterbleiben zunächst dann, wenn

[85]) Darnach kann, wie schon nach Res. 7 des Haager Abk., auch nur der Verfallstag für die Präsentation durch Landesgesetz bestimmt werden. Im österr. WG. Art. 38 ist die Regelung wie im Text erwähnt, getroffen.

[86]) Er kann auch vor Begebung „angenommen" sein. Vgl. RG. 119, 422, dazu Langen, „zur Lehre vom Sichtwechsel" in Beitr. zum Wirtschaftsrecht II, 1093 f.

[87]) Die Denkschrift, S. 82 sagt dazu: „Dies gründet sich auf die Erwägung, daß der Inhaber infolge der verweigerten Annahme bereits das Rückgriffsrecht erlangt hat und von ihm eine nochmalige Vorlegung des Wechsels nicht verlangt werden kann, die mit Rücksicht auf den eingetretenen Rücklauf des Wechsels Schwierigkeiten unterliegen würde." Damit erscheint auch das franz. WR. (vgl. Art. 163/1 code comm.) geändert.

sich auf dem Wechsel ein Protesterlaßvermerk findet. Im Gegensatz zum geltenden Recht wird dieser Vermerk nun eingehend geregelt (Art. 46 EWG.). Es wird bestimmt, wer ihn wirksam auf den Wechsel setzen kann („Aussteller, Indossant, Wechselbürge"), dagegen weder wie bisher der Akzeptant, da er ja nicht mehr Interessent ist (d. i. auch nicht im Falle des Domizilwechsels), noch, wieder im Gegensatz zur WO., der Ehrenakzeptant[88]). Es wird weiters geregelt, wie der Protesterlaß wirksam erklärt werden kann; er muß auf dem Wechsel vermerkt[89]) und unterschrieben[89a]) sein, zur Feststellung dessen, von wem er herrührt. Endlich bestimmt auch Art. 46, welchen Inhalt der Vermerk haben müsse (Befreiung von der Pflicht zur Protesterhebung), wobei auch das EWG. die Worte „ohne Kosten", „ohne Protest" nur beispielsweise anführt („gleichlautend")[90]). „Auf den Wechsel" ist der Vermerk zu setzen. Die Stelle ist nicht von Belang. Auch der Vermerk auf der Rückseite steht noch „auf dem Wechsel"[91]). Der Protesterlaßvermerk hat auch eine ganz andere Wirkung als bisher. Das wurde schon oben C—c—β angeführt[92]). Ist die Wirkung absolut, so fallen die Kosten des dennoch erhobenen Protestes dem Inhaber zur Last; sonst treffen sie alle Regreßpflichtigen, also auch den die Klausel beifügenden Indossanten oder Bürgen (Art. 46/3 EWG.)[93]). Soweit die Klausel befreit, wirkt sie durchgreifend sowohl dort, wo sonst mangels Annahme, wie dort, wo mangels Zahlung zu protestieren war; es wäre denn, daß sich der Inhalt der Klausel ausdrücklich nur auf den einen oder anderen Pro-

---

[88]) In den meisten Fällen entfällt ja ihm gegenüber (arg. Art. 44/4 EWG. über den Ersatz des Protestes mang. Zahlung durch den P. m. Annahme) ohnehin hier der Protest; aber es gibt Fälle der Möglichkeit der Ehrenannahme ohne Aufnahme des Protestes mangels Annahme, z. B. bei Zahlungseinstellung des Annehmers, Art. 43/2, Z. 3. Der Bericht Nr. 111 hebt dies nicht hervor, wohl aber den Fall des Protesterlasses durch den Avalisten.

[89]) Grundsatz der formellen Geschlossenheit des Wechsels. Bis nun ließ die Praxis mitunter mündlichen Erlaß genügen, z. B. OGH., 29. Mai 1865, Slg. Peitler 343.

[89a]) Bericht Nr. 111.

[90]) Etwa „bleibe ohne Protest in Obligo", OGH., 30. Oktober 1906, Slg., Czel. 889.

[91]) Das zeigt Art. 13, Satz 1, u. Art. 25, Satz 1 EWG.

[92]) Das geltende Recht ließ ihn nur gegenüber jenen Wechselverpflichteten wirken, die ihrer Erklärung ihn beigefügt haben: Adler 88.

[93]) Vgl. Denkschrift 85.

test (z. B. „ohne Protest mangels Annahme") bezöge. Nicht erspart wird durch diese Klausel die Erhebung des Protestes mangels Datierung (Art. 25/2 EWG.). Der Ausfolgungs- (Perquisitions-) Protest wegen Nichtaushändigung des zur Annahme versendeten Duplikates und Nichterlangung der Annahme oder Zahlung auf Präsentation des Duplikates (Art. 66/2 EWG.) oder wegen Nichtaushändigung der Urschrift an den rechtmäßigen Inhaber der Kopie (Art. 68/2 EWG.) kann nicht erlassen werden, denn die Erhebung jenes Protestes ermöglicht erst den Rückgriff gegen Aussteller und alle Vormänner, wie die Erhebung dieses den Rückgriff gegen die Originalindossanten; beides also ohne Zulassung der Protesterlaßklausel; denn sonst wäre der Rückgriff (mangels Annahme oder Zahlung) in diesen Fällen unmöglich, da er Nichtannahme und Nichtzahlung trotz Vorlage des Originalwechsels voraussetzt (Art. 39/1, Art. 43/1 EWG.), wenngleich für die weitere Rückgriffnahme, soweit Teilakzept vorliegt, auch nur Besitz einer beglaubigten Abschrift des Wechsels genügt (Art. 51, Satz 2 EWG.) mit oder, bei Erlaß und in den anderen hier erwähnten Fällen, auch ohne Protest.

Endlich stellt die Res. 8 es der Landesgesetzgebung anheim, zu bestimmen, daß der Protest auch dort, wo er nicht „erlassen" ist, durch einen vom Bezogenen zu unterfertigenden und zu datierenden Vermerk auf dem Wechsel ersetzt werden kann, wie dies § 16 öst. Scheckgesetz jetzt schon bestimmt und auch Art. 40, Z. 2 des ESchG. vorbehaltlos vorsieht. Das neue öst. WG. hat davon keinen Gebrauch gemacht.

Protestersatz. Die Landesgesetzgebung kann freilich den Protesterhebungszwang gleichwohl dann nicht ausschließen, wenn der Aussteller im Wechsel selbst den Amtsprotest, d. h. die Protesterhebung durch öffentl. Urkunde vorgeschrieben hat[94]). Daß, falls die der rechtzeitigen Präsentation oder Protesterhebung im Wege stehende höhere Gewalt — das sind allgemeine, nicht bloß den Inhaber oder seinen Vertrauensmann „rein persönlich" be-

[94]) Sokal 249. Ähnlich das jugoslaw. WG. (§ 77) auch für den Wechsel; die Landesgesetzgebung kann auch zum Zweck der Vermeidung von Unklarheiten über den Zeitpunkt der Abgabe der Protestersatzerklärung des Bezogenen eines Wechsels die Eintragung dieser Erklärung „innerhalb der Protestfrist" in ein öffentliches Register vorschreiben (Art. 8, Abs. 2 Res.). Schwierigkeiten macht bei Protestmangel die Feststellung, ob ein Nachindossament vorliegt. Darüber unten, Anm. 86 a.

rührende, von keiner Privatperson zu beseitigende Hindernisse der Ausübung der Diligenzpflichten — länger als 30 Tage nach dem Verfallstage währt, Regreß auch ohne Protesterhebung genommen werden kann, stimmt, wie überhaupt die Regelung des Einflusses höherer Gewalt auf die Vornahme wechselrechtlicher Handlungen, mit dem geltenden Rechte (Ges. vom 30. November 1912, BGBl. 215), das die Haager Regelung (dort Art. 53) übernahm[95]), überein; es wurde also die den Banken günstigste Lösung, die das Risiko von ihnen auf die Schuldner überwälzt, gewählt. Kriegs- und Nachkriegserfahrung hat wohl Anlaß gegeben, die Erlassung eines Moratoriums seitens eines Staates („gesetzl. Vorschrift eines Staates") ausdrücklich, was die Haager Beschlüsse noch nicht taten, als Fälle höherer Gewalt zu erklären (Art. 54/1 EWG., „ein anderer Fall höherer Gewalt")[96]). Auch das ausländische Moratorium fällt also darunter[97]). Seine Einwirkung auf inländische Verpflichtungen zu regeln (Hinausschiebung der Fälligkeit der Regreßverpflichtungen inländischer Regreßschuldner z. B., während der Akzeptant im Moratorium-Land nicht in Anspruch genommen werden kann), überläßt Art. 22 Res. der nationalen Gesetzgebung. § 10 des EG. gibt der Regierung das Recht, im Verordnungswege, „falls durch eine ausländische Vorschrift die Ausübung der Rechte verhindert wird", die Aufrechterhaltung der Rechte trotz der Versäumung und auch die Hinausschiebung der Fälligkeit der Wechselverpflichtungen zu verfügen.

δ) Die Bestimmungen über die Notifikation (Art. 45 EWG.) gestalten das geltende Recht etwas aus. Zunächst tritt die Notifikationspflicht nicht nur im

[95]) Quassowski 785. Eine viel umkämpfte Lösung; wurde doch (vgl. Bericht Nr. 122) im Haag noch vielfach, „höherer Gewalt" nur Suspensivwirkung einzuräumen, gefordert, wodurch das Risiko auch bei einer längeren als 30tägigen Dauer des Hindernisses auch die Inhaber, also meistens die Banken, zu tragen gehabt hätten und nicht bloß die Regreßschuldner, was die Völkerbundexperten aufgegriffen hatten.

[96]) Auf Anregung der skandinav. Regierungen, der Hupka zur Rev. d. Haager WR. 21 beitrat. Der Ber. 122 erinnert daran, daß das Haager System, das doch wenigstens den Regreß nach 30 Tagen zuläßt, sich „in den Ereignissen 1914 bis 1918 besser bewährt hat" als das System der andern Staaten, das einen Regreß verhinderte (vgl. z. B. Art. 813 Schweizer OR.). Als „Haager System" wird damit natürlich nicht die Haager Regelung, sondern die Möglichkeit der Regreßnahme auch bei Hindernissen bezeichnet.

[97]) Sokal 251, Denkschrift 1932, S. 94.

Falle der Nichteinlösung eines verfallenen Wechsels, der Leistung des Ehrenakzeptes und der Verhinderung der Präsentation infolge höherer Gewalt, wie bisher (Art. 45/1, Art. 58 WO.) und das unter γ zit. Ges. 1912/215) ein, sondern auch in den Fällen, wo mangels der Annahme überhaupt oder mangels einer vollständigen Annahme oder wegen Nichtleistung der infolge Unsicherheit des Bezogenen gebotenen vorzeitigen Honorierung (Art. 44/5), oder endlich infolge Leistungen einer Ehrenzahlung Regreß genommen werden kann (Art. 45, 55/4 EWG.). Die Notifikation des Inhabers wegen Unterbleibens der Annahme oder Zahlung ist nicht nur, wie bisnun, an den unmittelbaren Vormann, sondern immer auch an den Aussteller der Tratte zu richten. Dieser erlangt damit die Möglichkeit, durch rascheste Einlösung das infolge etwaigen Stufenregresses herbeigeführte Anschwellen der Regreßsumme zu hindern. Die WO. kennt nur die Notifikation des absolut oder relativ (d. i. durch Einlösung im Regreßwege) Berechtigten, d. i. der Partei. Das EWG. ändert nun daran grundsätzlich nichts; aber Art. 12 Res. läßt auch landesgesetzliche Bestimmungen über die Benachrichtigung durch das Protestorgan (Notar), wie sie das litauische und lettische Wechselrecht nach dem Vorbild des früheren russischen WG. von 1902 kennen, zu. Das wird wohl im Zusammenhang mit der Regelung des Postprotestes, für den insbes. das an Städten arme Österreich Verständnis haben mußte[97a]), geregelt werden müssen. Eine weitere Neuerung des EWG. stellt die Bestimmung dar, daß nicht nur dem Vormann, sondern auch seinem Avalisten Nachricht gegeben werden müsse und daß, falls ein Indossant keine Adresse oder die Adresse unleserlich angegeben hat, es genüge, daß sein unmittelbarer Vormann benachrichtigt werde (Art. 45/3 EWG.). Die Benachrichtigungsfrist ist von zwei Tagen auf vier Tage für die erste Nachricht erweitert worden, für die weitergeleiteten Nachrichten bleibt es bei den 2 Tagen des geltenden Rechtes. Nur Werktage werden dabei, im Gegensatz zum geltenden Recht, gezählt. Der Protesterlaß befreit, auch wenn er nicht absolut wirkt, nicht von der Benachrichtigungspflicht (Art. 46/2 EWG.); denn dieser Erlaß erleichtert den Regreß. — Es muß nicht auch jenen Indossanten notifiziert werden, die wie der Indossant ohne

---

[97a]) Das WG. läßt ihn im Art. 79 zu, dagegen nicht die amtliche Notifikation, doch kann dies noch durch Verordnung festgesetzt werden (E. G. § 8, Abs. 3).

Obligo oder der Prokuraindossatar nicht wechselmäßig (Art. 15/1 EWG.) selbst haften (arg. Art. 45/6, „Schaden"). Sie haben aber, soferne sie „Vormänner", d. h. die Legitimation des Regreßnehmers begründende Zeichner sind, gleichwohl eine Pflicht zur Weiterleitung der Notifikation. Wird ein Prokuraindossatar verständigt, so muß er also dem Indossanten seines Indossanten Nachricht zukommen lassen oder diesen verständigen (zur Weiterleitung). Die Notifikation muß nach dem EWG. Namen und Adresse aller derer enthalten, die vorher schon Nachricht gegeben haben. Eine bestimmte Form für die Nachricht wird in dem EWG. nicht mehr wie jetzt („schriftlich": WO.) vorgeschrieben, auch die bloße Rücksendung des Wechsels genügt. Allerdings ändert die Schriftform mit postalischer Übermittlung der Nachricht die Beweislast zugunsten des Regreßnehmers, der sonst zu beweisen hat, daß er fristgerecht notifiziert hat (Art. 45/5 EWG.). Die Rechtsfolge der Unterlassung oder nicht gehörigen (nicht zeitgerechten oder ordnungsmäßigen) Erfüllung der Benachrichtigungspflicht bleibt zwar die Schadenersatzpflicht, aber gemindert durch Beschränkung ihres Grundes auf den Fall eines Verschuldens[98]) und ihres Umfanges auf die Wechselsumme. Wesentlich ist auch die Änderung des EWG„ die zugunsten des Regreßnehmers den Anspruch auf Zinsen und Kosten auch im Unterlassungsfalle aufrechthält[99]). Das EWG. unterläßt, entgegen dem geltenden WR., einen Hinweis darauf, wem der haftpflichtige Inhaber oder Indossatar haftet. Sämtlichen Vormännern, die ein Recht auf Benachrichtigung hatten (falls er etwa überhaupt nicht notifiziert hat) oder nur den „übersprungenen Vormännern"? Wohl, wie bisher, beiden Gruppen.

b) Umfang des Regreßanspruches. Hiebei handelt es sich im wesentlichen um die Bestimmungen über die Zinsen und die „Kommission". Das EWG. setzt den Zinsfuß selbst mit 6% fest (Art. 48, Z. 2, 49, Z. 2), aber die

---

[98]) „Gehaftet wird ja nur für den durch Nachlässigkeit entstandenen Schaden" (Art. 45, letzter Abs. EWG.). Hat ein Vormann ohnehin, wenngleich auf anderem Wege Nachricht von der Nichteinlösung des Akzeptes erhalten, so ist also die Unterlassung der Benachrichtigungspflicht bedeutungslos, während das geltende Recht auch in diesem Falle die Strafe des Verlustes des Anspruches auf Zinsen und Kosten über den Regreßnehmer verhängt.

[99]) Strobele 81, Denkschrift 1932, S. 90.

Res. Art. 13 gestattet jedem Vertragsstaat für Wechsel, die in seinem Gebiet sowohl ausgestellt, als auch zahlbar sind, an Stelle dieses Zinssatzes für die Berechnung den jeweils geltenden gesetzlichen Zinsfuß treten zu lassen. Von dieser Res. macht der deutsche Entw., aber nicht das österr. Ges. Gebrauch[100]). Der Zinsfuß ist also auch nach österreichischem Gesetz wie nach dem EWG. für alle Regreßansprüche mit 6% festgesetzt. Das EWG. selbst kennt den Anspruch auf die „Provision" nicht mehr, den das geltende Recht (Art. 50, Z. 3, 51, Z. 3 WO.) dem Inhaber und dem Regreßschuldner, der den Wechsel eingelöst hat, gegen jeden Wechselschuldner gibt. Aber Art. 14 Res. gestattet jedem Vertragsstaat, in sein Landesrecht wieder für alle Wechsel, (nicht nur die im Inland ausgestellten und zahlbaren), diesen Anspruch (die „commission") aufzunehmen, den weder das franz., noch das engl., noch das italien. WR., wohl aber das sowjetruss. WR. kennt. Kapitalsarme Länder könnten um so mehr darauf verzichten, da der Provisionsanspruch den Wechselrücklauf nur noch mehr verteuert[101]). Die Provision darf auch beim Zinsenwechsel (oben C—d—β) nur von der Wechselsumme berechnet werden (Art. 48, 49 ö. WG., „Hauptsumme"), daher nie von dem „eingelösten" Betrag (Regreßsumme) wie bisher (ebenso Art. 48, Abs. 1, Z. 4 WG.). Da Art. 28/2 EWG. den Akzeptanten unmittelbar zur Leistung alles dessen verpflichtet („mangels Zahlung bei Verfall"), was bei Regreßnahme gefordert werden kann, so ist, da das öst. Landesgesetz (WG.) den Provisionsanspruch nicht nur gegen Aussteller und In-

[100]) Damit war Anlaß für eine Rechtsangleichung gegeben, da das deutsche Gesetz, 3. Juli 1925, die Zinshöhe mit 2% über dem jeweiligen Reichsbankdiskont berechnet (Quassowski 784). Der erste Entw. folgte auch dem insofern, als er für „im Inland ausgestellte und zahlbare Wechsel" den jeweils festgesetzten Zinssatz (Ges., 15. Juli 1924, BGB. 252) treten ließ (§ 2). Begründung, S. 18. Das E. G. hat dagegen auch diese Ausnahme wieder gestrichen. Es bleibt also bei 6% schlankweg.

[101]) Quassowski 784. Anscheinend wollen aber die Banken auf die Provision von 1/3% nicht verzichten; aber sie sollen sie nicht mit dem „Entgelt" für Mehrarbeit begründen, da die Präsentations- und Protestkosten — sie stellen die Vergütung für die „Arbeit", die die Nichteinlösung macht, dar — ohnehin die Schuldner belasten. Das öst. WG. (Art. 48, Z. 4, 49, Z. 4) behält leider (mit der schwachen Begründung des „Entgelts für Mehrarbeit", „erl. Bem." der Reg. Vorl., S. 18) — die Provision bei. Allerdings darf der Provisionsatz (1/3%) nicht überschritten werden. Minderung muß „besonders" (aber nicht gerade wechselmäßig) vereinbart sein (Art. 48).

dossanten gibt, der Akzeptant dort, wo der Aussteller Inhaber ist, schlechter daran sein, als bisher[102]); allerdings ist das tschechosl. WR. (§ 46/2) schon mit diesem Beispiel vorangegangen. Der Inhaber wie jeder andere Regredient kann auch die Kosten des Protestes, der Notifikation an den Vormann und den Aussteller und die anderen Auslagen in Rechnung stellen. So Art. 48, 49 EWG. Beim Rückgriff vor Verfall mindert sich die Summe um den Diskont (Art. 48/2 EWG.). Beim Zinsenwechsel kann der Inhaber nebst der Wechselsumme samt den davon zu berechnenden, schon laufenden bedungenen Zinsen, deren Höhe sich nach dem im Wechsel notwendigerweise angegebenen Zinssatz richtet — sonst ist der Zinsenvermerk, wie erwähnt, unwirksam —, auch noch vom Verfallstag an die erwähnten gesetzlichen Zinsen (Regreßzinsen) verlangen. Diese werden also von der durch das Anwachsen der bedungenen Zinsen bis zum Verfallstag, die Kosten und den Provisionsleistungen vermehrten Gesamtsumme („Rückgriffssumme"; Art. 50), nicht bloß von der Hauptsumme des Wechsels, berechnet[103]). Beim weiteren Regreß kann also, da dann die Regreßzinsen ja von den jeweils schon vermehrten, d. h. im Rückgriffsweg erst beglichenen Beträgen („Rückgriffssummen") samt allfälligen Prozeßkosten berechnet werden, die Zinsensumme eine ganz gewaltige Last dem Regressaten aufbürden (Art. 49 EWG.). Um so wichtiger ist das jedem „Wechselverpflichteten, gegen den Rückgriff genommen werden kann", eingeräumte „Einlösungsrecht" (Art. 50 EWG.). Es steht deshalb auch dem Avalisten (Art. 32/1 EWG.) und dem Ehrenakzeptanten (arg. Art. 58/1 EWG.) zu. Beim Rückgriff vor Verfall kann der Wechsel zwar von dem einlösenden Indossanten, aber weder vom Avalisten, noch vom Ehrenakzeptanten oder Ehrenzahler (Art. 63/1 EWG.) mit wechselmäßiger Wirkung, nach Streichung von Indossamenten, weiter indossiert werden. Sie sind nicht Glieder der Legitimationsreihe, die nur durch Giri gebildet werden kann (Art. 16/1).

Allerdings kann auch an diese Personen vor Verfall der Wechsel mit wechselmäßiger Legitimations- und Trans-

---

[102]) OGH., 11. März 1891, Czel. 615, 16. September 1890, Czel. 584. (Kein Provisionsanspruch gegen den Akzeptanten in solchen Fällen.) Anders freilich OLG. Wien, 25. Oktober 1932, ZBl. 1933, Nr. 13.

[103]) Arg. Art. 49, Z. 2 EWG. Das entspricht den Vorschlägen der Experten. Ber. Nr. 117. Zur Kritik: Hupka: Zur Rev. des Haager WR. 21.

portwirkung, nur ohne Garantie des Inhabers, der ja diesen Personen gegenüber Wechselgläubiger ist, von diesem indossiert und damit die Möglichkeit der Indossierung durch diese Personen geschaffen werden (Art. 11/3). Der alte Indossant, der einlöst, wird dagegen zwecks Geltendmachung oder Weiterindossierung nur sein Indossament und das seiner Nachmänner streichen müssen; bloß für die Legitimation zur Erhebung der Regreßansprüche ist die Streichung nicht notwendig[104]). Regredient ist aber jetzt — die geltende WO. kennt als solchen neben dem Inhaber nur den Indossanten (Art. 51/1 WO.)[105]) — jeder *Einlöser* („Wer", Art. 49 EWG.), also auch der *Avalist* (Art. 32/3 EWG.), der *Ehrenakzeptant* und der *Ehrenzahler*.

Auch der Aussteller eines nicht einem Dritten begebenen Wechsels kann also gegen den Akzeptanten den Inhaberregreß in *vollem* Umfange nehmen, auch Protestkosten verlangen, obwohl die Protesterhebung zur Erhaltung seines Rechtes nicht notwendig war. Das verfügt, wie erwähnt, Art. 28, Satz 2 EWG. Darüber auch unter III—3. Nach wie vor wird aber ein Indossant „ohne Obligo" (Art. 15/1 EWG.), der gezahlt hat, ohne regreßpflichtig zu sein, diesen Anspruch auf vollen Remboursregreß nicht haben (arg. Art. 47/3, „jeder Wechsel*verpflichtete*"), er hat aber auch wie jetzt (Art. 48 WO.) kein Einlösungs*recht*[106]). Er kann daher nur als *Ehrenzahler* Regreßrechte erlangen („Jeder Dritte": Art. 55/3 EWG.). Nur die „*Einlösung*", d. h. die *volle* Tilgung der Wechselschuld gibt das Recht auf den Rückgriff. Ob dies durch Zahlung oder, wie die geltende WO. hervorhebt, durch Belastung seitens des Nachmannes unter Ausfolgung des Wechsels („Rimesse") vor sich geht — das EWG. unterläßt diese kasuistische Anführung (Art. 49) — ist belanglos. Der Regreß kann auch durch Ausstellung eines *Rückwechsels*, wie bisher, genommen werden, aber diese Möglichkeit kann künftig[107]) wechselmäßig („Vermerk", Art. 52/1) ausgeschlossen werden. Besondere Bestimmungen über die *fingierte* Rück-

---

[104]) Auch nicht nach geltendem Recht. Vgl. auch tschech. WG. § 51 und *Rouček*, 249.

[105]) Übrigens wurde immer auch der Aussteller dazugezählt, falls er im Regreßwege den Wechsel eingelöst hat. OGH., 5. Jänner 1909, J. Bl. 1909, Nr. 18.

[106]) „Jeder Wechselverpflichtete, gegen den Rückgriff genommen wird oder genommen werden kann:" Art. 50/1 EWG.

[107]) Nach dem Haager Vorbild (dort Art. 51).

tratte (Art. 51/2 WO.) weist das neue EWG. nicht mehr auf. Sie sind deshalb überflüssig, weil der Regreßnehmer ohnehin alle seine Auslagen (Art. 48, 49 EWG.) fordern darf, zu denen auch jene Differenz gehört, die er aufwenden muß, um bei Verschiedenheit des Valutenkurses am Zahlungsort (Wohnort des Regreßpflichtigen) und Wohnort des Regreßnehmers die ganze von ihm ausbezahlte Summe zu erlangen. Für den wirklichen Rückwechsel enthält das EWG. darüber aber Bestimmungen (Art. 52/3). Nur die in der alten WO. enthaltenen Bestimmungen über die Bescheinigung des Kurses fehlen; maßgebend werden hier die Kursfestsetzungsbestimmungen sein[108]), die in dem Land gelten, wo die Rücktratte ausgestellt wird oder der Regreßnehmer wohnt.

5. Haftung, Einlösung und Rückstellung des Wechsels

Die Solidarhaftung aller prinzipalen und der regreßpflichtigen Wechselschuldner ist beibehalten (Art. 47 EWG.). Sprungregreß zu nehmen, steht dem Inhaber nach wie vor grundsätzlich frei, auch gegenüber dem Avalisten. Keine Einwendung der fehlenden Mahnung oder gar der Vorausklage (arg. Art. 47/1, 32 EWG.); nur vergebliche Präsentation zur Zahlung ist immer und gegen alle Bedingung (Art. 43/1 EWG.). Nach wie vor besteht neben dem Einlösungszwang, d. i. der Regreßpflicht, auch die Einlösungsfreiheit jedes Regreßpflichtigen (Art. 47/1 und 50/1 EWG.). In beiden Fällen ist der Eintritt des Einlösenden in die Gläubigerstellung[109]), d. h. der Übergang des Gläubigerrechtes auf den Zahler in allgemeinen Rechtsgrundsätzen begründet (vgl. § 426, 268 BGB., 1358 abGB.), wovon Art. 49 EWG. nur einen Anwendungsfall darstellt.

Für den Avalisten und Ehrenzahler wird dies nur besonders noch hervorgehoben (Art. 32/3, 63/1 EWG.). Warum? Sonst ist schon die Frage, an wen der Zahler sich

---

[108]) Die Denkschrift (Haag) 88 verweist auf die Handelsbräuche. Die Denkschrift 1932, S. 92, ebenfalls, mit der Begründung, daß sie einerseits die Feststellung ermöglichen, anderseits infolge ihrer Verschiedenheit eine einheitliche Regelung der Kursfeststellung ausschließen.

[109]) Zu eigenem Wechselrecht (Art. 17). Gegen die Annahme bedingter Gläubigerschaft der Vormänner auch Ernst E. Hirsch, die Macht der Gewohnheit im Wechselrecht in Beitr. z. Wirtschaftsrecht (her. v. Klausing-Nipperdey-Nußbaum), S. 1078.

halten kann, klargelegt: An die Vormänner und den Akzeptanten, nicht an jene, denen er selbst kraft der von ihm übernommenen Garantie haftet. Der Ehrenzahler und Avalist hat aber keine Vormänner. Er haftet und leistet für bestimmte Schuldner. Die Einlösung soll ihnen nun kraft positiver Bestimmung gegen diese und deren Vormänner Gläubigerstellung geben.

Dem Schuldner, der den Wechsel einlöst, ist der Wechsel im Original auszufolgen. Wird Teilzahlung angenommen, so wird sie nur vermerkt (arg. Art. 39 EWG.), aber den Wechsel erhält der Zahler nicht. Erhält ihn derjenige, der die letzte zur Einlösung des Wechsels erforderliche Geldleistung entrichtet? Darauf gibt die EWG. so wenig eine Antwort wie die WO.[110]). Würde dem spätesten Zahler der Wechsel ausgefolgt, so kämen, wenn dieser ihr Vormann ist, die Nachmänner um den Regreß für die von ihnen gezahlten Beträge. Einen Anspruch auf „Aushändigung" hat nur der Schuldner, der die Wechselsumme (Rückgriffssumme) „entrichtet", d. h. vollständig abgestattet hat. Die Lösung weist die Bestimmung des Art. 51 EWG.: Wer den Teil einer Wechselsumme, auf den sich die Annahme nicht erstreckte (Art. 26/1 EWG., Teilannahme), bezahlt hat, kann nach Art. 51, Satz 2 EWG. die Aushändigung einer beglaubigten Abschrift des Wechsels verlangen, „um den weiteren Rückgriff zu ermöglichen". Nicht das Original, mit dem der Inhaber die Zahlung des angenommenen Betrages verlangt. Der Teilzahler nimmt zwar Rückgriff. Art. 51 gibt ihm bei Teilannahme die Möglichkeit dazu; er enthält aber eine Ausnahmevorschrift; ansonsten kann die Abschrift Grundlage der Regreßnahme nur gegen die Indossanten und Avalisten der Abschrift sein (Art. 68/2 EWG.). Erst mit der letzten Teilzahlung ist der Wechsel „eingelöst". Der papiermäßig letzte Regreßschuldner, der dazu beigetragen hat, ist nun seiner Garantiepflicht ledig und nur Gläubiger geworden. Der Inhaber hat keinen Anlaß, den Wechsel zurückzuhalten. Jenem ist er dann von ihm auszufolgen.

Zahlung „vor" Verfall geht auf Gefahr des Zahlers. War der Empfänger nicht empfangsberechtigt, mag dies

---

[110]) OGH., 20. Oktober 1931, J. Bl. 1932, 157, glaubt, daß der Inhaber den Wechsel bei Gericht erlegen und der Rechtsstreit über den Ausfolgungsanspruch zwischen denen ausgetragen werden soll, die um den Besitz des Wechsels streiten, also allen, die nur teilweise Zahlung geleistet haben. Bis zur Erledigung des Streites kann allerdings der Regreßanspruch (arg. Art. 70/3 EWG.) verjährt sein.

dem Zahler auch bei größter Aufmerksamkeit entgangen sein — er muß noch einmal zahlen; er wird nicht befreit[111]). Wie anders bei Zahlung b e i Verfall! Wie die geltende WO., so weist auch das EWG. eine Bestimmung auf, die den, der bei Verfall zahlt, nur verpflichtet, die wertpapiermäßige Legitimation des Inhabers, aber nicht die Echtheit der Unterschriften der Indossanten bei der Zahlung zu prüfen (Art. 40/3, Satz 2); aber das EWG. begnügt sich mit dieser Bestimmung nicht. Es ist zwar auch nach geltendem Rechte nicht bestritten, daß die Zahlung an einen klarerweise d. h. „offenbar" nicht Berechtigten die Wechselverpflichtung nicht tilgt (arg. Art. 74 WO.)[111a]), also dann keine befreiende Wirkung hat, wenn der Zahlungspflichtige bei der Zahlung weiß oder nur infolge grober Fahrlässigkeit übersieht, daß er an einen Nichtberechtigten zahle. Das EWG. verfügt dies nun (Art. 40/3, Satz 1) ausdrücklich. Dem Zahler wird auch damit die Pflicht, die Identität des Inhabers mit dem durch das letzte Namensindossament (Art. 16/1) Legitimierten zu prüfen, nicht geradezu auferlegt; fällt ihm aber zur Last, daß er arglistig oder grob fahrlässig — z. B. der legitimierte war eine Frau, er zahlte einem Mann — die einfache Feststellung der Identität oder des sofort nachweisbaren Mangels der Berechtigung des Inhabers an dem Papier unterließ — z. B. der Zahler wußte aus einem früheren Strafprozeß, daß der Überbringer des Wechsels ein Zuchthäusler sei und wußte gleichzeitig, daß er wegen Wechselfälschung steckbrieflich verfolgt werde —, so befreit die gleichwohl vorgenommene Zahlung ihn nicht; er bleibt weiter in Wechselobligo. Man würde meinen, daß diese neue Bestimmung zu einfach ist, um Mißverständnisse hervorzurufen. Aber leider ist dem nicht so. Vor allem spricht sie nur von der Befreiung von der „Verbindlichkeit". Gilt dies also nur von der Zahlung eines V e r p f l i c h t e t e n? Weiter, hat nur die Zahlung an jeden wechselmäßig Legitimierten b e f r e i e n d e Wirkung? Man denke an den Bezogenen einer nichtakzeptablen Tratte oder an einen Ehrenzahler. Beide

[111]) B e r i c h t Nr. 89. Die deutsche Übersetzung des Abs. 2 des Art. 40 ist weniger präzis als die franz. und engl. („à ses risques et périls" — „at his own risk and peril").

[111a]) L e n h o f f, Sp. XII, 3, b, L a n g e n, a. a. O. (Festschrift Z i t e l m a n n), S. 16. Die Zahlung b e i Verfall umfaßt auch jene zur Verfallszeit, aber vor Protest. Dies will B e r i c h t Nr. 90 noch hervorheben, obwohl es die Debatte (C. R. 270) für selbstverständlich hielt.

Fälle sind dabei auseinanderzuhalten. Die Zahlung des Bezogenen, der nicht angenommen hat, ist noch immer grundsätzlich Wechselschuldtilgung. Die Zahlung des Ehrenzahlers dagegen ist ja nur (arg. Art. 55, Abs. 2 EWG.) Eintritt für den Regreßpflichtigen und infolgedessen nur Einlösung der Wechselobligation, die weiter gegen die Prinzipalverpflichteten und die Vormänner des Zahlers (arg. Art. 63, Abs. 1, Satz 1) besteht. Weiß der Ehrenzahler, daß der Inhaber nicht berechtigt ist, aber unterläßt er die Prüfung nur aus grober Fahrlässigkeit, so erwirbt der Ehrenzahler um so weniger ein Recht, als nicht einmal der wechselmäßig durch Indossament Legitimierte — und das ist ja der Ehrenzahler gar nicht — Rechte an dem Papier erwirbt, wenn ihm beim Erwerb böser Glaube oder grobe Fahrlässigkeit zur Last fällt (Art. 16/2 EWG.). Aber auch der Bezogene der nichtakzeptablen Tratte wird dann, wenn er weiß oder nur wegen auffallender Sorglosigkeit nicht wußte, daß der Zahlungsempfänger nicht berechtigt ist, die Wechselschuld nicht tilgen. Das zeigt wohl der Gedanke der erwähnten Bestimmung des Art. 40/3, Satz 1; denn wenn schon derjenige, der zur Zahlung verpflichtet ist, die Wechselschuld nicht abträgt, wenn ihm Arglist oder grobe Fahrlässigkeit bei der Zahlung zur Last fällt, so muß man einen um so strengeren Maßstab gegen denjenigen anwenden, der zahlt, obwohl er wechselmäßig dazu nicht verpflichtet ist. Denn jener befindet sich ja in einer Zwangslage; zahlt er nicht, so riskiert er nicht nur möglicherweise die unmittelbar bevorstehende Zwangsvollstreckung, sondern auch durch das Anwachsen der Regreßschuld ein Anschwellen seiner Zahlungsverpflichtung. Das war ja auch der Grund, warum vorgeschlagen wurde[112]), ausdrücklich im Gesetze darauf hinzuweisen, daß dem Zahler nur bei liquiden Beweisen des Mangels eines rechtmäßigen Erwerbes des Inhabers die Pflicht, den Wechsel zu zahlen, erlassen werden soll. Die Unterlassung einer solchen ausdrücklichen Einschränkung der Prüfungspflicht in dem Gesetz bedeutet noch nicht[113]), daß nicht doch der Sinn der Vorschrift so weit geht. Das Genfer EWG. spricht, so wie das Haager EWG. — im Gegensatz zum Vorschlage der Völkerbundexperten, der eine völlige Gleichstellung mit dem Wortlaut des Art. 16/2 (Erwerb) herstellen wollten — nicht

---

[112]) Vorschlag Hupkas, 18. Der Bericht Nr. 92 läßt „Zweifel" noch nicht die Zahlungsweigerung rechtfertigen; Beweise können es allein tun.

[113]) Bericht Nr. 92, Quassowski, 782.

bei solcher Zahlung von bösem Glauben, sondern von Arglist („fraude“) und grober Fahrlässigkeit. Indeß: Arglist ist ein auf Schädigung ausgehendes, diese Absicht durch Täuschungshandlungen verbergendes Verhalten. Beispiel: Der Akzeptant steckt mit dem Einbrecher, der einen mit einem Blankoindossament versehenen Wechsel entwendet hat, unter einer Decke. Das Auffallende ist nicht der Umstand, daß das EWG. arglistiger Zahlung befreiende Wirkung abspricht. Es hat viel für sich, Zahlung des Wechsels im weitesten Maß zuzulassen, also den Ausspruch des Versagens ihrer Wirkung gerade nur auf Arglist zu beschränken; aber indem auffallenderweise der Arglist schon eine (wenngleich grobe) bloße Fahrlässigkeit gleichgestellt wird, wird damit eine Pflicht des Zahlers, die Legitimation des Inhabers soweit zu prüfen, als auch ein nicht besonders Vorsichtiger sie prüfen müßte, geschaffen. Der Mangel des Gesetzes liegt darin, daß es den schwächeren Schuldgrad der Fahrlässigkeit der schwersten Schuldform, der Arglist, an die Seite stellt, während die grobe Fahrlässigkeit sich zwar dem Handeln, das mit dem Schaden gerechnet hat, annähert, aber sich schon von diesem durch das Fehlen jeden Gedankens an eine Schädigung, vom vorsätzlichen Handeln durch das Fehlen jeder Absicht, die bei Arglist noch Täuschungsformen gebraucht, unterscheidet. Wenn also der Zahler es in Kauf nimmt, an den Nichtberechtigten zu zahlen, obwohl er viel Grund hat, anzunehmen, daß der Inhaber nicht berechtigt ist, die Zahlung zu empfangen, so wird er nicht befreit, mag ihm jeder Gedanke, den Eigentümer zu schädigen, auch gefehlt haben[114]).

III. Der Wechsel und die einzelnen Skripturakte

1. Der Wechsel

a) Wesentliche Bestandteile, insbes. die Wechselklausel; absolut und relativ wesentliche Bestandteile. Das EWG. kennt keine „Erfordernisse“ des Wechsels mehr, sondern, wie schon das Haager EWG., nur „Bestandteile“ (Art. 2). Darüber schon oben

[114]) Langen, a. a. O., 16, verlangt außer grobfahrlässiger Unkenntnis von der Nichtberechtigung des Inhabers auch absichtliche oder grobfahrlässige Nichtbenützung der Beweismittel; aber diese Nichtbenützung begründet doch jene Unkenntnis. Ausgezeichnet in C. R. 198 die Ausführungen Gutteridge gegen die Aufnahme der groben Fahrlässigkeit.

II—A—b. Die Wechselklausel, viel umkämpft[115]) ist geblieben. Wesentlich sind aber für den Wechsel überhaupt auch folgende Bestandteile: Die Zahlungsklausel[116]), die, wie nunmehr hervorgehoben, unbedingt und auf eine bestimmte Geldsumme lauten muß — über die Währung dieses Geldbetrages: Oben II—C—d—β und Art. 41 EWG. — die Unterschrift des Ausstellers (Art. 1, Z. 8), die Anführung, wem gezahlt werden soll (Art. 1, Z. 3) und das Zeit-Datum (Art. 1, Z. 7, 75, Z. 6); für die Tratte ist überdies wesentlich: Der Name eines Bezogenen (Art. 1, Z. 6). Fehlt einer der angeführten Bestandteile, so gilt die Urkunde nicht mehr als Wechsel (Art. 2/1, 76/1 EWG.)[117]); deshalb sind diese Bestandteile absolut wesentlich. Andere nehmen dem Papier den Wechselcharakter nur bedingt, wie der Mangel des Ausstellungsdatums (Ort, nicht Zeitpunkt), der Adresse des Ausstellers und des Bezogenen auf dem Wechsel, nämlich nur dann, wenn der Wechsel keine Ortsdaten über Ausstellung und Zahlung enthält: Diese Bestandteile sind also nicht immer, sondern

---

[115]) Bekanntlich kennen die Länder des franz. (z. B. niederländ., belgisch.) u. engl. Wechselrechtssystems dieses Erfordernis nicht, das heute vielleicht auch überflüssig ist, Hupka, 4. Die Aufnahme der Klausel bedeutet also einen Sieg des deutschen Wechselrechtsgedankens. Die Res. Art. 1 überläßt es den Vertragsstaaten, eine Übergangszeit von 6 Monaten anzuordnen, um den Verkehr in den anderen Staaten an dieses Erfordernis zu gewöhnen. Ganz anders noch im Haager EWG.: Dort wurde in der Res. Art. 2 den Vertragsstaaten das Recht eingeräumt, die Orderklausel statt der Wechselklausel genügen zu lassen. Bericht Nr. 17, Percerou erklärte hiebei, daß Frankreich der Vereinheitlichungsidee die Besonderheit seines Wechselrechts opfern wolle (C. R. 171).

[116]) „Die unbedingte Anweisung (‚Mandat'), eine bestimmte Geldsumme zu zahlen", umschreibt sie Art. 1, Z. 2 EWG. Der Bericht Nr. 19 bemerkt, daß jenes Wort („Mandat") nicht im juristischen Sinn gebraucht wird.

[117]) Leider wurden die Vorschläge Jittas (Berichte an das Wirtschaftskomitee des Völkerbundes 1923) nicht Abkommensinhalt; sie wollten die Zahl der für den Wechsel wesentlichen Bestandteile noch vermindern. Die Debatte (C. R. 174) erörterte auch die Frage, ob der Bezogene auch nur durch seine Funktion — also nicht namentlich — bezeichnet werden dürfe. Das wurde abgelehnt. Der Bericht Nr. 22 folgert gleichwohl, daß der Praxis eine solche Bezeichnung an Stelle des Namens genügen wird. Als Beispiel wurde in der Beratung „der Rektor der Universität in X." gewählt (C. R. 174).

können nur im einzelnen Fall wegen des Textes des Wechsels, daher relativ wesentlich werden. Enthält der Wechsel beim Namen des Ausstellers die Angabe eines Ortes (z. B. „Josef König, Wien"), so gilt er dort („Wien") ausgestellt (Art. 2/4). Ist beim Namen des Bezogenen ein Ort angegeben („An Wilhelm Scholz in München"), so gilt dieser Ort als Zahlungsort und zugleich als der für die Präsentation zur Annahme (Art. 21) und zur Zahlung (Art. 38) bestimmte Wohnort des Bezogenen, mag auch dieser dort gar nicht wohnen (Art. 2/3). Diese Bestimmung kennt allerdings schon die geltende WO., aber aus Art. 4, Z. 8 WO. konnte man auch schließen, daß die Angabe eines Zahlungsortes nebst Anführung eines anderen Ortes beim Namen des Bezogenen diesen Ort noch nicht als „Wohnsitz" gelten lasse, wenn der Bezogene tatsächlich wo anders wohnt. Das ist nach der Textierung des EWG. (Art. 2/3) jetzt wohl anders. Neu ist auch die Bestimmung, daß die Angabe der Verfallszeit nicht absolut wesentlich ist. Wenn der Wechsel keine Angabe über die Verfallzeit enthält, so „gilt" er unbestreitbar als Sichtwechsel (Art. 2/2 EWG.). In allen diesen Fällen handelt es sich also um Rechtssätze nachgiebigen Rechts, deren Wirksamkeit aber eben nur durch den Skripturakt („gilt") ausgeschlossen wird (unten c). Dem EWG. ist wie der W. an eigene Order (Art. 3/1) auch der trassiert-eigene Wechsel (Art. 3/2) bekannt. Seine Gültigkeit ist aber nicht mehr an das Erfordernis der Verschiedenheit zwischen Ausstellungsort und Zahlungsort geknüpft, wie im alten Recht (Art. 6/2 WO.). Fehlt in diesem Fall die Angabe des Zahlungsortes und eine Ortsangabe bei der Bezogenenbezeichnung, so ist der Wechsel gleichwohl als solcher gültig, wenn nur beim Namen des Ausstellers ein Ort[118]) angegeben ist (arg. Art. 76/3); fehlt aber dieser, ist nur ein Zahlungsort ersichtlich (Art. 2/3 und 1, Z. 7), so ist die Urkunde kein Wechsel. Inhaltlich muß der Text in zusammenhängender Sprache (Kontext) eine Zahlungsanweisung (Tratte, Art. 1, Z. 2 EWG.) oder ein Zahlungsversprechen (eigener Wechsel, Art. 75, Z. 2 EWG.) ergeben. Die Sprache, in der der Wechsel ausgestellt ist, ist belanglos, aber er muß in einer „Sprache", d. h. der lautlichen Ausdrucksform einer volklichen Gemeinschaft, mag diese noch bestehen oder nicht, ausgestellt sein und die in dieser Sprache geschriebene Wechsel-

[118]) Dieser Ort gilt dann auch als Zahlungsort (Art. 3 „auf den Aussteller selbst").

klausel enthalten (Art. 1, Z. 1)[118a]). Esperanto oder Volapük sind als sog. Kunstsprachen keine „Sprachen" im Rechtssinn. Wie der Text des Wechsels hergestellt ist, ist gleichgültig. Die Wechselerklärungen können geschrieben oder auf mechanischem Weg (z. B. mit Schreibmaschinenschrift) hergestellt sein, aber sie müssen wohl die Schriftzeichen der Sprache (arg. A. 1, Z. 1) aufweisen. Stenographierte Erklärungen reichen also nicht aus.

b) Bestandteile zur Erreichung gewisser Wirkungen. Von den herkömmlichen Klauseln erwähnt das EWG. die Kommissionsverrechnungsklausel (Art. 3/3), die Rektaklausel (Art. 11/2), den Effektivvermerk (Art. 41/3), die Verzinsungsklausel (Zinsenwechsel), die allerdings nur, wie bemerkt, der Sicht- oder Nachsichtwechsel wirksam enthalten kann (Art. 5), ferner den Vermerk der Ausschließung der Rücktratte (Art. 52/1), die Klauseln zur Kennzeichnung der Vervielfältigung des Wechsels („Prima", „Solo" usw., Art. 64/2)[119]), die Protesterlaßklausel (Art. 46/3 EWG.), die Domiziliatenangabe (Art. 4), mag der Domiziliat auch am Wohnort des Bezogenen wohnen (Art. 4 EWG.), dann den Vermerk über die Ausschließung der Präsentation zur Annahme überhaupt (Art. 22/2) oder vor einem bestimmten Tag (Art. 22/3 EWG.) oder, umgekehrt, das Gebot der Vorlage (Präsentationspflicht, Art. 22/1) und die übrigens auch nach dem EWG. (arg. Art. 65/1) überflüssige, aber im Gegensatz zum geltenden WR. ausdrücklich erwähnte kassatorische Klausel („falls Prima noch nicht eingelöst worden ist ..." z. B.). Das bleibt der einzige Fall, der die Wirksamkeit einer Wechselerklärung von dem Eintritt einer wirklichen Bedingung abhängig zu machen ermöglicht. Die Wechselerklärung bleibt ein bedingungsfeindliches Rechtsgeschäft (Art. 1, Z. 2 EWG.). Wenn in einem Land Protestersatzvermerke zugelassen werden, bedarf es eines besonderen Vermerkes des Ausstellers, daß er Amtsprotest verlange, um den Protest-

---

[118a]) Das wurde über Vorschlag der tschechoslow. Delegation aufgenommen: C. R. 173. Die einzelnen Teile des Grundwechsels müssen also dieselbe Sprache aufweisen.

[119]) Wie nach geltendem Rechte (Art. 66/2 WO.), auch mit gleicher Wirkung: Sind mehrere Ausfertigungen des Wechsels ausgestellt (Duplikate), so müssen sie im Texte mit fortlaufenden Nummern versehen sein, weil sonst jede Ausfertigung als besonderer Wechsel gilt (Art. 64/2 EWG. = Art. 66/2 WO.).

ersatz auszuschließen (Art. 18/1 Ref.). Neu ist die Provisionsminderungsklausel (Art. 48/1, Z. 4). Alle diese Klauseln haben vom Aussteller gesetzt, ihre absolute Wirkung; einige können auch von anderen Wechselverpflichteten oder Regreßverpflichteten gesetzt werden als vom Aussteller, z. B. die Ausschließung der Haftung für die Annahme (Art. 9/2, 15/2), die über die Präsentationspflicht zur Annahme, mit oder ohne Frist (Art. 22/4), dann der Protesterlaß (Art. 46), vom Annehmer insbesondere auch die Zahlstelle (Art. 27/2); eine gilt auch jetzt nur, wenn sie von andern als dem Aussteller herrührt: Die Haftungsausschließung („Ohne Obligo").

Der Mangel wesentlicher Bestandteile nimmt dem Papier den Charakter eines Wechsels (Art. 2/1, Art. 76/1), soweit nicht das dispositive Recht eingreift. Ob es sonst rechtliche Wirksamkeit hat, hängt von der Stellung des Landesrechts zur Konversion (§ 140 BGB.) ab.

c) Im wesentlichen geht die Tendenz des EWG. dahin, den Wechsel trotz Vermerke, die wechselmäßig unzulässig sind, in seiner Kraft aufrechtzuerhalten. Rechtsinhaltspräsumtionen und echte Vermutungen sind daher im EWG. nicht selten:

Die Freizeichnungsklausel (Ausschließung der Haftung) des Ausstellers für die Zahlung (Art. 9) gilt anders[120]) als nach geltendem Recht, ebenso wie der Zinsenvermerk auf einem anderen Wechsel als dem Sichtwechsel oder Nachsichtwechsel oder ein solcher auf diesem, aber ohne Anführung des Zinssatzes, nur als nicht geschrieben (Art. 5/1, Satz 2 EWG., im Gegensatz zum Art. 7 WO.). Davon, daß die Unterlassung der Angabe einer Verfallzeit den Wechsel nicht wirkungslos macht, war schon die Rede (oben a), auch davon, inwiefern ein Ausstellungsort, der schon wegen des von den internationalen wechselrechtlichen Bestimmungen (IWG.) darin gesehenen Anknüpfungspunktes der nationalen Wechselrechte für die Fristen zur Ausübung der Regreßrechte, des Überganges der Deckung usw. (Art. 4/2, 5, 6 des IWG.) wichtig ist, mangels ausdrücklicher Anführung schon „angenommen" wird (oben a). Auch der nur „angenommene" Zahlungsort bestimmt, welcher Kalender für die Frist- (Verfallszeit-) Berechnung

[120]) Grünhut, Lehrb. 123, Hupka, 9, anders freilich Adler, 88.

maßgebend sein soll (Art. 37/1). Die oben (a) erwähnten Annahmen eines Ausstellungsortes, Zahlungsortes, Wohnorts, einer Verfallszeit usw. sind unwiderleglich. Es gilt eben dann der dispositive Rechtssatz, d. h. es wird eine unwiderlegbare sog. Rechtsinhaltspräsumption, nicht eine Tatbestandsvermutung[121]), die etwa durch den Nachweis eines anderen Parteiwillens widerlegt werden könnte, geschaffen. Der Ausspruch darüber ist deshalb revisibel. Zuweilen finden jene sich auch unter den die Reserven enthaltenden Artikeln. Der Protestersatzvermerk könnte Durchstechereien ermöglichen; nicht datierte Indossamente sollen deshalb in diesem Falle als Vorindossamente „gelten" (Art. 8, Abs. 3 Res.). Das EWG. kennt aber auch eine Reihe an einen Tatbestand geknüpfter echter Vermutungen, die widerlegt werden können: So wird, wo Amtsprotest (d. i. auch Postprotest) vorliegt, nur vermutet, daß nicht datierte Indossamente Vorindossamente sind (Art. 20/2), ferner wird vermutet, daß die Streichung des Akzeptes vor der Rückstellung des Wechsels vom Bezogenen an den Inhaber geschehen (Art. 29/1, Satz 2) und daß der Wechsel mit Protesterlaßklausel rechtzeitig präsentiert worden ist (Art. 46/2, Satz 2). Auch der Art. 41/4 stellt die echte Vermutung auf, daß, falls der Wechsel auf eine Geldsorte lautet, die im Lande der Wechselausstellung dieselbe Bezeichnung, aber einen anderen Wert hat als in dem der Zahlung (z. B. Schilling, Frank) die Geldsorte des Zahlungsortes gemeint sei. Die Vermutung, daß dort, wo der Kalender des Zahlungsortes

[121]) Bierling, Jur. Prinzipienlehre, IV, 58. Das neue EWG. arbeitet sehr viel mit diesen fälschlich (vgl. Rouček, 22) als Fiktionen bezeichneten Dispositivnormen: Art. 31/4 (Wechselbürgschaft „gilt" mangels anderer Angabe als für den Aussteller geleistet), ebenso „gilt" nach Art. 57/2 die Ehrenannahme mangels anderer Festsetzung in der Annahmeerklärung selbst wie übrigens auch bisher (Art. 59) und nach Art. 62 die Ehrenzahlung ebenfalls wie bisher (Lenhoff, Sp. XIII, S. 203), falls in der auf dem Wechsel auszustellenden Quittung niemand anderer bezeichnet wird, für den Aussteller geschehen. Hierher gehört auch Art. 64/2 (Mangel der Vervielfältigungsbezeichnung läßt jede Ausfertigung als besonderen Wechsel „gelten"). Art. 12 dagegen enthält eine echte Fiktion (Inhaberind. „gilt" als Blankoindossament). Die Annahme, daß mangels Benennung eines Domiziliaten der Annehmer am Domizil zahlen soll, gehört auch hierher (Art. 27/1, Satz 2, sie findet sich aber ebenso schon in der WO. Ebenso gilt schon in der WO. (wie jetzt im EWG., Art. 35/2) der letzte Tag der Präsentationsfrist als der Tag des nicht mit dem Vorlegungsdatum geleisteten Akzeptes einer Nachsichttratte.

von dem des Ausstellungsorts abweicht, nur jener, nicht dieser für den Verfallstag und die Berechnung der Fristen maßgebend sein soll, so daß, wo vom Ausstellungszeitpunkt auszugehen ist, dieser in den nach dem Kalender des Zahlungsortes entsprechenden Tag umgerechnet und hienach Verfallstag, Fristen und insbes. die Laufzeit a dato (Art. 33) ermittelt werden, weicht zwar auch gegenteiliger, aber nur wechselmäßig ersichtlicher Absicht (Art. 37/4). Diese Vermutung, wie die über die Wirkung des Versäumnisses der vom Aussteller für die Annahme vorgeschriebenen Frist (Art. 53/2) kann also nur wechselmäßig, d. i. aus dem Wortlaut des Fristvermerkes und die zuletzt erwähnte etwa auch aus dem Inhalt des Wechsels widerlegt werden, z. B. in der Richtung, daß der Vermerk nur darauf weise, daß der Aussteller damit im Falle der Nichtbeachtung nur die Haftung für die Annahme habe ausschließen wollen. In dieser nur wechselmäßig zulässigen Widerlegbarkeit der Vermutungen kommt die Idee der Geschlossenheit des Wechselverhältnisses zum Ausdruck. Die früher erwähnten Vermutungen dagegen (über andere: Unten III—3) können auch durch andere Beweise, nicht bloß wechselmäßig, widerlegt werden. Wo dagegen der wechselmäßige Beweis gefordert wird, ist der Unterschied zu den oben erwähnten Dispositivrechtssätzen sehr gering. Diese weichen aber nur der unzweideutigen Erklärung, jene schon dem nur kambialerschließbaren Parteienwillen. Die Idee, im Interesse der Sicherheit des Wechselverkehrs nur den Wechselinhalt entscheiden zu lassen („quod non est in cambio, non est in mundo") hat in der EWG. also Fortschritte gemacht. Daß in diesen Grenzen der Wechselinhalt sich einer Auslegung nicht verschließt (§ 133 BGB., § 914 ABGB.), ist auch jetzt unbestreitbar, mag allerdings die Verschiedenheit der Auslegungsgrundsätze in den einzelnen Vertragsstaaten der Einheit der Judikatur entgegenwirken. Manches wieder, was früher wirkliche Vermutung war, ist jetzt schon Dispositivrechtssatz: So „gilt" die Notifikationspflicht nach EWG. schon als erfüllt mit dem Nachweis der Absendung eines Schreibens, während Art. 46 WO. darin nur einen „Beweis" sieht.

d) Klauseln, die den Wechsel ungültig machen. Das gilt von der Bedingung für die Zahlung selbst (arg. Art. 1, Z. 2), wie bisher[122]), nicht für bedingte

---

[122]) Rg. 17. Jänner 1928, JW. 1928, 637, RGZ. 119, 424, Len-

Skripturakte des Indossanten oder Akzeptanten[123]). Freilich trifft dies nur die echte Bedingung. Wo das Gesetz dem Aussteller einer Wechselerklärung die Einschränkung der Haftung selbst gestattet — wie etwa die Einschränkung der Haftung unter Fristsetzung für die Vorlage zur Annahme oder Zahlung (Art. 22/1 und 4, 23, 34, 53 EWG., z. B. „wenn der Wechsel bis zum 5. Februar 1932 vorgelegt wird") oder wie die Aufhebung der Wirksamkeit des einen bei Einlösung eines anderen Duplikats (Art. 65, erster Satz EWG.), — liegt keine echte Bedingung vor; der Annehmer haftet denn auch, wenn er erst nachher angenommen hat, nur der Rückgriff wurde, was eben im Gesetz selbst vorgesehen ist, von der Voraussetzung der fristgerechten Vorlage abhängig gemacht[124]). Grundsätzlich hat sich also nichts geändert.

Das Teilindossament ist — das entspricht schon der herrschenden Auffassung der WO. — nichtig (Art. 12/2 EWG.), die Teilnahme dagegen ist, wie schon immer (Art. 22/1 WO.), wirksam (Art. 26/1). Das Annahmeverbot auf einem Domizilwechsel mit oder ohne benanntem Domiziliaten oder auf einem Nachsichtwechsel macht den Wechsel ungültig (arg. Art. 22/2); denn die EWG. hebt dort, wo ein unzulässiger Vermerk nur als nicht geschrieben anzusehen ist, dies ausdrücklich hervor. Richtig ist die Festsetzung der Verfallszeit durch andere als die im Art. 33 aufgezählten Bestimmungsarten, d. i. Sicht, Nachsicht, bestimmter Verfallstag, de dato (Art. 33/2). Also

---

hoff, Sp. IV—b, S. 196. Doch ist die Zulässigkeit einer von der Vorlegung innerhalb bestimmter Frist bedingten Zahlungsklausel eines Sichtwechsels („Auf Sicht zahlen Sie, wenn die Vorzeigung bis... erfolgt") zweifelhaft, die das Rg. in der zit. Entsch. bejaht, da hier nur die Vorlegungsweisung die Gestalt einer Bedingung tragen mag (vgl. schon ROHG. Bd. 23, 111).

[123]) Die unbedingte Annahme eines bedingten Wechsels ist allerdings nicht als bedingte Annahme eines unbedingten Wechsels anzusehen, wohl aber gilt die bedingte Annahme nur als Akzeptverweigerung (arg. Art. 26/2, Satz 1 EWG.), wie bisher (OGH., 3. März 1863, Slg. Peitler, 269). Anders verfügt aber nun das EWG. über das bedingte Indossament. Das ist nach der WO. ungültig (Bernstein, WO., S. 77), aber nach Art. 12/1 EWG. gilt nur die Bedingung als nicht geschrieben. Das wird dem Willen des Zeichners freilich widersprechen, Hupka, 9.

[124]) Langen, a. a. O., 1101 f. Der Fall ist mit dem in Anm. 122 erörterten, wo die Zahlungsklausel, nicht etwa nur die Regreßhaftung „bedingt" ist, nicht zu verwechseln. Bloße „gesetzliche Bedingungen" (z. B. „zahlen Sie, wenn der Wechsel vorgelegt wird") sind natürlich unschädlich, Michaelis, 77.

sind Messe- und Marktwechsel, deren Zulässigkeit das Haager Abkommen noch „vorbehielt", nichtig. Ein Wechsel mit mehreren Verfalldaten („am 1. Februar oder 15. Mai") ist nichtig, auch dann, wenn sie „aufeinanderfolgen" (Art. 33/2, z. B. „am 1. Februar 1000 M, am 15. Mai weitere 1000 M"), während bisnun die Lehre mitunter einen Ratenwechsel, d. h. einen Wechsel mit verschiedenen, aufeinanderfolgenden Terminen, zu denen jeweils bestimmte Beträge zu zahlen wären, für gültig hielt[125]). In Österreich ist er schon vor den Nürnberger Nov. ausgeschlossen worden (Art. 4, Z. 4 WO.). Ob die auf den Wechsel gesetzte Verpfändungsklausel wie irgend eine andere auf eine Sicherstellung verweisende Klausel für den Wechselanspruch, (sie ist nicht zu verwechseln mit dem Pfandindossament), den Wechsel ungültig mache oder selbst nur belanglos sei, unbeschadet der Wirkung der Klausel nach Zivilrecht[126]), bleibt nach wie vor offen. Das EWG. geht dem Wortlaut nach auch davon aus, daß die Tratte nur einen Bezogenen aufweist (Art. 1, Z. 3: „dessen, der zahlen soll", Art. 43, Z. 2, „der Bezogene"), entbehrt aber ebenso jeder Bestimmung über die Wirkung der Berufung einer Mehrheit der Bezogenen, wie einer solchen, die das Problem mehrerer Remittenten oder mehrerer Aussteller behandelt. Aber das gleiche gilt ja von der allgem. WO. Man wird, so wie bis nun, auch eine Mehrheit von Personen in allen diesen Fällen gültig zulassen können; doch darf damit nicht an der Einheit des Zahlungsortes, der Zahlungszeit und des Inhaltes der Zahlungsverpflichtung gerüttelt werden. Eine bloß alternative Anführung von Bezogenen oder die Anführung mehrerer Zahlungsorte macht den Wechsel ebenso ungültig (arg. Art. 60 „am Zahlungsort"), wie das Fehlen jeder Adresse beim Bezogenen in einem Wechsel, der einen andern Zahlungsort nicht anführt. Ist also bei jedem der Bezogenen ein anderer Ort angegeben, so ist der Wechsel ungültig (Art. 2/2 EWG.)[127]). Das tschech.

---

[125]) Z. B. in Frankreich, Lyon Caën et Renault, Traitè de droit com. IV, 5, 81, auch Rouček für das tschechosl. R. 28. In England sind sie auch zuläßig.

[126]) Unten 2. Darüber neuestens E. Hirsch, Macht der Gewohnheit im WR. 1068, der überzeugend diese nachweist. Art. 310 AHGB. kann so anwendbar werden.

[127]) Vgl. RGZ. 46/132 (Entsch. 31. Mai 1900) u. OGH., 21. April 1914, J. Bl. 1914, Nr. 24.

WR. z. B. dagegen (§ 3, Z. 7) läßt den erstangegebenen Ort, auch wo mehrere Bezogene angeführt sind, als Zahlungsort gelten[128]).

2. Das Indossament

Hier ändert sich gegenüber dem geltenden Rechte wenig, aber es wird, wie es auch sonst das EWG. tut, manches, was bisnun nur Übung war, nun ausdrücklich geregelt[129]). Das Indossament (also die „Erklärung") muß nicht mehr „geschrieben" sein, nur die Unterschrift und daher das Blankoindossament muß einen handschriftlichen Akt bilden (anders Art. 11 WO.). So wird, wie schon im Haager EWG. Art. 11/2, festgelegt, daß das Teilindossament überhaupt, das Blankoindossament, wenn es nicht auf der Rückseite des Wechsels steht, ungültig ist (Art. 12/2 und 13/2)[130]), während das Indossament an den Inhaber, das das Haager EWG. entsprechend der geltenden Übung für nichtig erklärte (Art. 11/3), als Blankoindossament, wie erwähnt, aufgefaßt[131]) (Art. 12/3 EWG.) und das bedingte Indossament nicht, wie heute[132]) für ungültig, sondern für unbedingt angesehen wird (Art. 12/1); die Bedingung gilt als nicht beigesetzt; § 898 ABGB. wird dieser Wir-

---

128) OG. Brünn, 21. März 1931, Slg. 10.640.

129) Beispiel: Art. 20, Satz 1 EWG. setzt nun fest, daß das Indossament nach Verfall, aber vor Präjudizierung oder Protesterhebung wie ein Vorindossament wirkt, ferner Art. 14, Z. 3 (Blankotradition).

130) Staub-Stranz, Komm. WO., S. 9; ausgesprochen auch im poln. WG., Art. 11 u. jugosl. WG. (§ 11). Allerdings bleibt es dabei, wie nach geltender WO. (Art. 38), daß der Inhaber eine ihm angebotene Teilzahlung des Bezogenen nicht zurückweisen dürfe (Art. 39/2 EWG.), oben II—E—1, während das engl. Recht (Byles, Treatise on the Law of Bills of Exchange, S. 222) dem Inhaber dieses Zurückweisungsrecht gibt. Der Regreßschuldner, Ehrenzahler u. Avalist muß voll zahlen (arg. Art. 39 „Bezogener", demgegenüber Art. 59/2 „vollen Betrag"). Eine Indossierung nach teilweiser Tilgung des Wechsels, die ja (arg. Art. 63/1, Satz 2) ohne weiteres zulässig ist, ist natürlich kein Teilindossament. Über einen weiteren Fall eines nichtigen Indossaments durch die Exklusivklausel zugunsten der Kopie: Unten IV—2.

131) Nach geltendem deutschen Wechselrecht wird es für ungültig gehalten: Denkschrift, S. 63.

132) Michaelis, 114, Bernstein WO., 77 f., Grünhut I, 473, Staub-Stranz, Art. 9, Anm. 4.

kung nicht entgegenstehen, da Art. 12 nur für das (nicht-„letztwillige") Begebungsgeschäft eine besondere Bestimmung festsetzt. Gewiß wird z. B. die Garantiefunktion des Indossamentes durch die Säumnis der vom Indossanten für die Annahme verfügten Präsentationsfrist ausgeschaltet (Art. 53/4 EWG.). Damit wird aber nicht das Indossament, sondern es wird nur die Garantiewirkung von der Vornahme bestimmter Handlungen abhängig gemacht[133]). Nach Art. 20 wird auch das Nachindossament des präjudizierten Wechsels nicht anders als das nachprotestliche Nachindossament behandelt. Beide haben nur Zessionswirkung; heute (Art. 16 WO.) nur dieses, während jenes gegen die Nachindossanten dem Nachindossatar volle Indossamentswirkung gibt, wie wenn der Wechsel „auf Sicht" lautete. Nach dem EWG. hat nicht einmal jenes also Legitimationswirkung, natürlich weder wertpapiermäßige Transportwirkung, noch Garantiewirkung und begründet auch bei nachträglicher Präsentation kein Wechselrecht gegen die Nachindossanten (das bisnun auf Grund der Fiktion einer Sichttratte ermöglicht wurde), sondern nur die zivilrechtliche Wirkung der Zession des Anspruches des Nachindossanten (ebenso schon poln. WG. Art. 19 und jugosl. WG. Art. 19). Die Regelung der Wirkungen der Zession ist Gegenstand der nationalen Gesetzgebung; maßgebend für ihre Wirkung wird also das Recht des Landes sein, wo „postpräjudiziell" oder „nachprotestlich" indossiert worden ist (Art. 4/2, Abk. IWR.). Die Abtretung der Rechte des Inhabers selbst ist allerdings schon mit dem Indossament vollzogen; darüber bestimmt ja Art. 20 EWG. und nicht das nationale bürgerliche Recht[134]) (arg. Art. 20, „so hat das Indossament nur die Wirkung ..."). Auch wo nach Handelsrecht die Abtretung formgebunden ist — für das deutsche

---

[133]) Vgl. auch Denkschrift, 63.

[134]) Die herrschende franz. Lehre leitet z. B. aus Art. 1690 C. c. ab, daß erst mit der Verständigung des Schuldners die Forderung ihm gegenüber als abgetreten gilt; die Wechselforderung wird aber nun auch dem Akzeptanten gegenüber schon mit dem Indossament als abgetreten gelten; aber ob der Indossant auch für den Eingang des Wechsels dem Nachindossatar haftet, also die Stellung des Zessionars wird sich nach dem Rechte des Landes, wo „abgetreten" worden ist, richten, daher z. B. anders, wenn im Deutschen Reich indossiert worden ist als wenn dies in Frankreich, z. B. der Fall gewesen wäre; denn nach deutschem Recht haftet je nach der „causa" der Zedent unter Umständen auch dafür, nach franz. Recht haftet er nur für den Bestand der Forderung.

Recht ist die Formfreiheit unbestritten (§ 398 BGB.) für das Recht des ABGB. herrschende Lehre[135]) — genügt die Indossierung gem. Art. 20 EWG. zur Erzielung der Zessionswirkung. Diese Wirkung kommt aber nur dem Nachindossament zu. Das EWG. kennt wie die WO. den Rektawechsel (Art. 11/2). Wird ein solcher Wechsel gleichwohl „indossiert", so wird auf dem Boden der WO. dem Giro die Wirkung der Zession beigemessen. Das EWG. dagegen geht nicht soweit. Die Rektaklausel des Ausstellers („negative Orderklausel") schließt zwar nach Art. 11/2 nicht aus, daß der Wechsel wenigstens „in der Form und mit den Wirkungen einer gewöhnlichen Abtretung" übertragen werden kann, aber durch unwirksames Indossament wird nur, soweit es auch zivilrechtlich eine Abtretung nach Form und Wirkung darstellt — das hängt vom Landesrecht ab — „zediert" (oben II—B). Wird z. B. entgeltlich der Rektawechsel vom Mann an die Frau indossiert, so ist also die Forderung noch nicht ihr abgetreten, da die herrschende österr. Übung hier Notariatsaktform verlangt[135a]). Ein Nachindossament liegt nun vor, wenn nach ungenütztem Ablauf der Protesterhebungsfrist (d. i. nach Ablauf der beiden auf den Zahlungstag folgenden Werktage: Art. 44/3 EWG.) oder nach Protesterhebung mangels Zahlung indossiert worden ist. Ist in der Zwischenzeit indossiert worden, also etwa noch an einem der zwei Protesttage nach dem Zahlungstag, so gilt das Indossament als ein Vorindossament. (Art. 20/1, Satz 1 EWG.: „Ein Indossament nach Verfall hat dieselben Wirkungen wie ein Indossament vor Verfall.") Ist vor Ablauf der Präsentationsfrist der Sichtwechsel nach Vorlage indossiert worden, so ist er nach Verfall indossiert, aber vor Ablauf der Protestfrist (oben II—E—3—a—α); dieses Indossament ist also ein Vorindossament (arg. Art. 20/1 EWG.). Die ganze Regelung führt auch sonst zu seltsamen Folgen: Wer einen „vor dem urkundlichen Verfallstag" etwa infolge Konkurseröffnung über das Vermögen des Akzeptanten fällig gewordenen Wechsel viele Wochen nach veröffentlichter Konkurseröffnung, also recht billig erwirbt, ver-

---

[135]) Eine andere Lehre fordert zur „Übergabe" als „Zeichen" (§ 427 ABGB.) eine „Urkunde" über die Abtretung; auch vom Standpunkt dieser Lehre wäre dieses Erfordernis durch die Nachindossierung erfüllt. Vgl. auch Langen „zum Schutz des Wechselverkehrs" in Festschr. f. Zitelmann, S. 9.

[135a]) Lenhoff, Komm. z. 28. Hauptst. ABGB. bei Klang, III, 524.

dankt dem Zufall, daß der Wechsel ein noch nicht eingetretenes Verfallsdatum, das doch nun belanglos ist, aufweist, die Möglichkeit, wechselmäßig gegen alle Giranten vorzugehen, u. zw. sofort (Art. 43/2 EWG.), ohne Einreden aus dem Kausalverhältnis ausgesetzt zu sein; hätte er den Wechsel nach dem rein papierenen „Verfallstag" erworben, so wäre er bloß ein Zessionar (§ 404 BGB., § 1396 ABGB.). Der Wechselschuldner kann allerdings nur solche Einwendungen gegen den nur als Zessionar anzusehenden Indossatar geltend machen, die ihm im Zeitpunkt des Erwerbes der Wechselforderung durch diesen (deutsches BGB.) und nach ABGB., im Zeitpunkt, als er von der Abtretung erfahren hat, gegen den Zedenten zustanden. War der Zedent Vorindossatar, so kann also ein Vormann, der mit diesem nicht kausalverbunden war, auch gegen dessen Zessionar, nicht etwa mit einer Gegenforderung gegen seinen kausalverbundenen Nachmann aufrechnen. Würden hier nur Zessionen einander folgen, so wäre diese Schranke nicht vorhanden (herrschende Lehre zu § 404 BGB., Art. 169, Schweizer OR. und allerdings eingeschr. auf den ersten Zedenten § 1443 ABGB.).

Da es für die Wirkungen des Nachindossamentes belanglos ist, ob Protest erhoben worden ist oder nicht, ist es auch gleichgültig, ob der Wechsel überhaupt gar nicht präsentiert oder ob der Protest wegen Protesterlasses nachgesehen worden ist. Fraglich bleibt, ob die Weiterbegebung des Wechsels nach Ablauf der Protestfrist oder nach Protest aber ohne „Indossierung", nämlich durch bloße Übergabe des mit einem vom Übergeber nicht ausgefüllten, vor Ablauf der Protestfrist auf das Papier gesetzten Blankoindossament (Art. 14/2, Z. 3 EWG.) versehenen Wechsels (Blankotradition) dem Blankoindossatar Legitimation verleiht? Die bisherige österr. Judikatur[136]) erkannte dem Erwerber die Legitimation zu. Das EWG. hebt die Legitimationswirkung der Blankotradition im andern Zusammenhang (Art. 16/1) hervor („auch dann, wenn das letzte ein Blankoindossament ist": Art. 16/1); dies muß auch gelten, wenn die folgenden Indossamente durchstrichen worden sind, weil ja dem einlösenden Indossanten die Durchstreichung gerade zur Dartuung der Legitimation gestattet ist (Art. 51/2 EWG.). Das EWG. hat, was Lehre und Rechtsprechung

[136]) OGH., 28. März 1929, Rechtspr. 1929, Nr. 156; dazu Wahle ebda., im Gegensatz dazu hat das Rg. (5. Oktober 1910, RGZ. 74, 208) diese Legitimationswirkung verneint (auch schon RGZ. 40, 223; 33, 144 und 2, 75).

ohnehin annahm[137]), ausdrücklich weiters ausgesprochen, daß der Inhaber auch durch Blankotradition den Wechsel begeben darf, wobei der äußerlich auf dem Wechsel nicht ersichtliche Tradent aus dem Wechselverband ausscheidet, also nicht wechselmäßig haftet. Durch die ausdrückliche Hervorhebung der Blankotradition, die (Art. 14, Z. 3) der Begebung durch Indossierung (Art. 14, Z. 2) geradezu gegenübergestellt wird („ohne ihn zu indossieren"), trifft die Einschränkung der Wirkung der Indossierung nach Verfall auf eine bloße Zessionswirkung nur die Fälle der Übertragung durch Skripturakt (Nachindossierung; Art. 20 „indossiert worden"). Die Blankotradition mittels Übergabe überträgt dem Übernehmer, der beim Erwerb nicht zum Nachteil des Schuldners gehandelt hat, alle Rechte aus dem Wechsel, gibt ihm nicht bloß die Stellung eines Zessionars; ob er Regreßrechte hat, wird davon abhängen, ob die wechselmäßige Vigilanz beobachtet worden ist. Die Vermutung spricht übrigens immer für ein Vorindossament (Art. 20/2 EWG.). Allerdings ist aus dem Protest der Inhaber ersichtlich (Art. 80, Z. 1 WG.)[138]). Wo aber der Protest fehlt, z. B. bei Erlaß, oder bei Beschränkung der Geltendmachung gegen den Akzeptanten? Hier wird der Beweis, daß es sich um ein Nachindossament handelt — er obliegt dem geklagten Teil —, Schwierigkeiten machen.

Neu erscheint die Regelung des offenen Pfandindossaments. Es hat Legitimationswirkung und Garantiewirkung; seine Wirkung ist nur insoferne eingeschränkt, als die Weiterindossierung durch den Pfandindossatar dessen Giro nur die Wirkung eines Vollmachts- (Prokura-) Indossamentes[139]) gibt (Art. 19/1 EWG.)[140]). Der Pfand-

---

[137]) Die WO., Art. 13 (ebenso z. B. tschech. § 11) spricht von „indossieren". Aber die Jud. hat dem Inhaber das Recht, durch Blankotradition mit voller Wirkung den Wechsel auch ohne Skripturakt zu übertragen, zugesprochen (vgl. z. B. OGH. 2. Dezember 1880, Czel. 271 u. a. m.), ebenso die Lehre, z. B. Grünhut, Lehrb. 178 („selbstverständlich daher in der WO. gar nicht erwähnt!").

[138]) Daher enthält Art. 8, Abs. 3 Ref. die Bestimmung, daß bei Protesterſatzerklärung, die das österr. WG. nicht aufgenommen hat, unwiderleglich ein Vorindossament vermutet wird.

[139]) Die Regelung des (offenen) Vollmachtsindossaments im EWG. weicht nicht im wesentlichen von der WO. ab. Dem Sachverständigenausschuß (Bericht Nr. 46) ist nur der dem Art. 297 HGB. entsprechende Zusatz zu danken, daß die im Vollmachtsindossament enthaltene Vollmacht weder mit dem Tod, noch mit dem Eintritt der Handlungsunfähigkeit (im Konkurs, Verfügungsbeschränkung) des

indossatar gilt im übrigen als eigentlicher Indossatar; er „erwirbt“ zwar nicht die „Rechte aus dem Wechsel“ zu eigen, aber er kann sie so geltendmachen wie bei einer Vollindossierung zu Pfandzwecken, also der fiduziarischen („versteckten“) Pfandindossierung. Er ist daher vor Einwendungen des Schuldners aus seinen Rechtsbeziehungen zum Verpfänder oder dessen Vormännern, aber auch vor Einwendungen des Verpfänders aus den Beziehungen zum Drittschuldner beim Rückgriff gegen diesen sicher, es wäre denn, daß „der Pfandindossatar beim Erwerb des Wechsels zum Nachteil des Schuldners gehandelt hat“ (Art. 19/2 oben II—A). Gewiß bestehen gegen diese Neuerung[140]) Bedenken; aber wollte man das versteckte Prokuraindossament[141]), dessen sich bisnun der Verkehr bei Wechselverpfändungen meistens bedient, in solchen Fällen überflüssig machen durch Gestattung des offenen Pfandindossaments, so blieb keine Wahl. Des Pfandindossatars Indossament ist freilich nur[141a]) ein Prokuraindossament[142]);

Vollmachtgebers erlischt. Leider wurde, entgegen manchen Anregungen, z. B. Hupka s 12, nicht besonders erklärt, daß ein Weiterindossament des Prokuraindossatars, auch wenn es nicht ausdrücklich als Vollmachtsindossament bezeichnet wird, nur die Wirkung eines solchen hat. Aber daran wird nach (Quassowski 779) wie vor (Grünhut 223) wohl nicht gezweifelt werden; darauf verweist auch der Bericht, Nr. 47. Das versteckte Prokuraindossament hat trotz Streichung des 1. Satzes des Art. 17 („Eigentum“) auch nach dem EWG. volle Transportwirkung.

140) Die Jud. gibt, soweit sie überhaupt nach der geltenden WO. das Pfandindossament anerkennt (so deutsche u. österr., abweichend aber Grünhut) den Wechselschuldnern Einwendungen aus der Person des Indossanten sogar gegenüber dem „versteckten“ Pfandindossatar. Michaelis 46, OGH., 3. März 1931, SZ. XIII, 46, 16. Juni 1880, Czel. 262 u. a.; Lenhoff, Sp. XI, 2; Adler in der in Anm. 142 erwähnten Enquete. Das franz. WR. regelt das offene Pfandind., das in Deutschland und Österreich nicht gebräuchlich ist, dagegen ausdrücklich (Art. 92/2, Code de commerce), die neuen polnischen (Art. 18) u. jugosl. WG. (§ 18) ebenfalls.

141) Über die verschiedenen Gedanken, die während der Beratung zur Diskussion standen: Vgl. C. R. 201.

141a) Die deutsche Delegation hatte vorgeschlagen, dem Indossament nach Verfall der Pfandschuld Vollwirkung zu geben. Das wurde abgelehnt. Bericht Nr. 49. Immer bleiben daher (arg. Art. 18/2 EWG.) dem Pfandindossanten die Einwendungen aus dem Rechtsverhältnis zum girierenden Pfandnehmer gewahrt; aber dieser erlangt nun auch gegen jenen Wechselrechte — nicht bloß gegen den Akzeptanten (Hfd. 13. Juli 1789, JGS. 1033) — die ihm die

dem „versteckten“ entsteht aber keine solche Schranke. Eine Wechselverpflichtung kann nun auch, soweit das Landesrecht dem etwa nicht entgegensteht durch Pfand gesichert werden; dann kann jeder Wechselinhaber das Pfandrecht geltend machen (oben III—1—d)[143]), denn mit dem Indossament, das ja nach dem EWG. mindestens auch Abtretungswirkung hat (arg. Art. 20, EWG., „nur die Wirkungen der gewöhnlichen Abtretung“), gehen ja allerdings, soweit die Landesrechte diese Abtretungswirkung kennen, alle Nebenrechte, insbes. die Sicherungsmittel, d. h. auch die Pfandrechte über, (für ABGB.) nur vorausgesetzt, daß der zum Erwerb erforderliche sachenrechtliche Übertragungsakt nicht fehlt, während im Gebiet des deutschen BGB. es zum Übergang des Pfandrechtes nicht einmal der Übertragung des Pfandbesitzes bedarf (arg. § 1250).

3. Die Annahme

Hierüber wurde das Wesentliche schon oben II—D gesagt. Die Wirkungen der Annahmeerklärung richten sich nach dem Rechte des Zahlungsortes (Art. 4/1, IWR.). Das ist wichtig, weil ja z. B. der Anspruch auf Herausgabe der Deckung oder der Bereicherungsanspruch gegen den Annehmer eines präjudizierten oder verjährten Wechsels Gegenstand nationaler Gesetzgebung sein wird (Art. 15 Res., Art. 89 WG.). Ob aber der Nehmer auch die etwa der Wechselbeziehung zugrunde liegende Forderung des Ausstellers gegen den Annehmer erwirbt, entscheidet das Recht des Ortes der Ausstellung des Wechsels (Art. 6 IWR.). So wird, falls der Wechsel z. B. in Frankreich ausgestellt ist, für Rechnung eines österr. Exporteurs (Rembourskredit) seine österr. Bank, auf deren Auftrag hin etwa akzeptiert worden ist, im Konkurse

---

Rechtsprechung nach der WO. versagt (KG. Berlin, 4. Mai 1925, JW. 1925, 1522, OGH., 11. April 1860, Peitl. 187).

[142]) Gegen die schon im Haager EWG. aufscheinende, aber dort durch Res. Art. 4 des Abk. vermeidbare Regelung des Einwendungenproblemes fast alle Teilnehmer der Enquete über den Entwurf zur Einf. der einh. WO., S. 182 f. Das Genfer Abkommen kennt mit Recht die Haager Res., wonach die Landesgesetze den Pfandvermerk als nicht geschrieben erklären können, nicht mehr. Denn damit wäre das Pfandind. als offenes Pfandind. umgebracht.

[143]) So auch Michaelis 78 (anders noch Grünhut I, § 71). Wichtig für Geltendmachung eines Wechsels zur Ausübung des Absonderungsrechtes nach gerichtlichem Vergleichs- (Ausgleichs-) Verfahren: OG. Brünn, 3. Juli 1931, Brünner Jur. Z., Slg. Nr. 1289.

der franz. Bank, die ausgestellt hat, der Konkursmasse die aus dem Mandat sich ergebende Verpflichtung erfüllen dürfen, weil der Annehmer z. B. eine holländ. Bank ohnehin seine Forderung aus dem Auftrag gegen die österr. Bank jener Masse abtreten müßte. Den Grundsatz des prompten Akzeptes hat schon das Haager EWG. verlassen. Seine Festsetzung einer Deliberationsfrist[144]), die dem Bezogenen das Recht erteilt, zu verlangen, daß ihm der Wechsel am Tag nach der ersten Vorlegung nochmals vorgelegt werde (Art. 24/1 EWG.), erweitert die für die Aufnahme des Protestes mangels Annahme vom Gesetze eingeräumte Frist (oben II—E—a) dann um einen Tag, wenn der Wechsel am letzten Tage der Frist zum erstenmal vorgelegt worden ist (Art. 44/2). Der Regreßpflichtige kann den Beweis, daß die Annahme nicht verweigert worden ist — (weil dem Bezogenen die Überlegungsfrist nicht gewährt worden sei) — aber nur durch den Inhalt des Protestes über das Verlangen des Bezogenen führen (Art. 24/1 EWG.). Daher wird nach Aufnahme eines solchen Vermerkes dann am nächsten Tage bei Nichtannahme neuerlich Protest erhoben werden müssen[145]). Neu (doch ganz entsprechend dem Haager EWG.) ist einerseits, daß auch hier (wie beim Indossament) für die Annahmeerklärung nicht Handschrift vorgeschrieben ist[146]) und die Bestimmung, daß, abgesehen von der dem geltenden Recht (Art. 21/3 WO.) entsprechenden Vorschrift, wonach schon die Unterschrift des Bezogenen auf der Vorderseite des Wechsels als Annahme gilt (Art. 25/1, Satz 3 EWG.)[147]), im übrigen die Annahmeerklärung nicht schon in jeder vom Bezogenen unterschriebenen Erklärung zum Ausdruck kommt (so Art. 21/2 WO.), sondern durch das Wort „angenommen" oder ein „gleichbedeutendes Wort" ausgedrückt sein muß; die Erklärung muß natürlich „unterschrie-

---

[144]) Der Gedanke stammt aus dem vom vorsowjetruss. WR. (Ges. v. 1902) übernommenen französ. (Art. 125 C. com.) Recht.

[145]) Denkschrift, S. 70.

[146]) Art. 25 EWG.: „Die Annahmeerklärung wird auf den Wechsel gesetzt", anders Art. 21/2 WO.: „Jede geschriebene Erklärung".

[147]) Die Unterschrift muß nicht unter dem Kontext des Wechsels stehen, es genügt die wo immer auf der Vorderseite des Wechsels ersichtliche Unterfertigung, also auch querüber auf der Vorderseite: OG. Brünn, 17. September 1931, Br. Jur. Ztg., Slg. 1295, oder neben der des Ausstellers, Michaelis 163.

ben" sein. Was bedeutet eine andere Erklärung des Bezogenen oder seine bloße Unterschrift auf der Rückseite des Wechsels? Wenn sie außer dem die wertpapiermäßige Legitimation begründenden Zusammenhange aufscheint, ist sie ein Nichts[148]). Das EWG. verlangt die Unterschrift des „Bezogenen", also des „namentlich" (Art. 1, Z. 3) als solchen im Wechsel Genannten; soll daher nicht genügen, daß Bezogener und Annehmer nachweisbar eine Person sind (materielle Identität)? Soll, so der bürgerliche Name angeführt ist, die Annahme durch Unterschrift des Künstlernamens kein „Akzept" begründen (keine formale Identität)? Soll die „Firmenfertigung" also nicht genügen, wenn der „bürgerliche Name" angeführt ist (dagegen WO. Art. 21/3, „Namen oder Firma")? Aus den Bestimmungen über die Voraussetzungen eines Regresses vor Verfall, insbes. Art. 44, Abs. 6 und 7 ist wohl zu schließen, daß zur Gültigkeit materielle Identität genügt, sofern sie aus dem Wechsel erkennbar ist.

Das Teilakzept ist wie nach geltendem Rechte zugelassen; das modifizierte Akzept begründet, nach wie vor, Regreßrechte, da es als Akzeptverweigerung gilt, verpflichtet aber den Akzeptanten nach dem Inhalt seiner Erklärung; enthält es aber gar eine Bedingung, so liegt nicht mehr ein modifiziertes, sondern ein ungültiges Akzept vor, das auch bei Eintritt der Bedingung keine Wechselverpflichtung des Akzeptanten begründet (arg. Art. 26/2, „irgend eine andere")[149]). Der Akzeptant darf natürlich den Zahlungsort des Grundwechsels nicht ändern, also auch keinen Domizilvermerk dem Wechsel bei-

---

[148]) OGH., 29. März 1904, Not. Z. 1905, 337. Sie könnte nicht einmal als Aval (da dieses, auf der Rückseite des Wechsels gesetzt, eine Bürgschaftserklärung enthalten muß: Art. 31/2) angesehen werden.

[149]) So nach geltendem Recht, Staub-Stranz 22, Anm. 6, Canstein, Lehrb. d. WR. 173, Michaelis 169 und Lenhoff, Sp. VII, 2, d, S. 197, dagegen sehen es als modifiziertes (qualifiz.) Akzept an: Bernstein 131 und Roucek 138. Darüber konnte eben mit Rücksicht auf den Wortlaut des Art. 22/1 WO. gestritten werden. Schon das Haager EWG. (Art. 25) bestimmt aber ganz deutlich (so wie jetzt EWG., Art. 26/1): „Die Annahme muß unbedingt sein." Wie im Text auch Langen, S. 1111. Auch die unbedingte Annahme eines bedingten Wechsels ist an und für sich, da dieser ungültig ist, unwirksam. Beachtlich, daß die EWG. „jede Abweichung" (Art. 26/2), nicht wie nach der WO. (22/2) nur eine „Einschränkung" als Akzeptverweigerung wertet.

fügen. Täte er dies, so würde er ja „von den Bestimmungen des Wechsels abweichen" (Art. 26/2 EWG.), also das Akzept modifizieren und damit verweigern[150]). Überdies wäre dies Fälschung und bei Wahrung der Diligenzakte dort (Vorlegung, Protestierung) für die früheren Zeichner unbeachtlich. Den Zahlungsort muß der Grundwechsel aufweisen. Der Bezogene kann aber „bei der Annahmeerklärung" — nicht nachher (Art. 27/1) —, falls im Domizilvermerk des Wechsels ein Domiziliat nicht angeführt ist, einen solchen bezeichnen (ebenso nach Art. 24/1 WO.)[151]) und er kann immer eine Zahlstelle in der Annahmeerklärung anführen. Das war zwar auch bisnun nicht bestritten[152]), wird aber jetzt ausdrücklich im Art. 27/2 verfügt[153]). Der Akzeptant, der „zur Verfallzeit" zahlt, „bezahlt nur den Wechsel" d. h. die Wechselsumme und beim Zinsenwechsel (Art. 5) auch die Zinsen, vom Tag der Ausstellung des Wechsels oder, falls ein anderer Tag als Ausgangspunkt für den Zinsenlauf festgesetzt ist, von diesem Tag (Art. 5/3). Leistet er erst später, so erhöht sich die Leistungspflicht auf die Regreßleistung, d. h. auch auf die vom Verfall laufenden Zinsen, auch beim unverzinslichen Wechsel, auf die Protestkosten und andere Auslagen und insbes. auch auf die (durch Landesgesetz festzusetzende) Provision, ohne Rücksicht darauf, ob Regreßpflichtige überhaupt vorhanden sind oder nicht (arg. Art. 28/3).

4. Aval und Intervention

a) Aval: Es wird in der WO. nur einmal erwähnt (Art. 81). Wie das Haager, so widmet das Genfer EWG. dem

---

[150]) So auch ohne diesen nun geschaffenen textlichen Grund schon einhellige Lehre des geltenden Rechtes: Statt aller Lenhoff, Sp. VII, 2, f, S. 197.

[151]) Wie jetzt, wird unwiderleglich sonst angenommen, daß er selbst am Domizil zahlen wird (Art. 27/1, Satz 2).

[152]) Roucek, 138.

[153]) In dieser Unterscheidung tritt auch noch nach dem neuen EWG. der Unterschied zwischen Domizil und Zahlstelle, der sonst (vgl. Art. 4 und Art. 22/2) fast verschwindet (oben II, D, c), in Erscheinung. Der Begriff des domizilierten Wechsels hat sich gegenüber dem geltenden Rechte, wie aus Art. 4, 22/2 und 27/1, Satz 1 hervorgeht („ein vom Wohnort des Bezogenen verschiedener Zahlungsort") insofern geändert, als ihm auch schon durch Verschiedenheit des Zahlungsleisters („Dritten") bei Identität des Zahlungsortes mit dem Wohnort des Bezogenen genüge geschieht.

Aval dagegen mehrere, es[154]) eingehend regelnde Bestimmungen. Das Aval ist auch dem englischen Wechselrecht unbekannt, aber im franz. WR. genauer (Art. 141—132 Code de comm.) geregelt; dort allerdings ist diese Wechselbürgschaft — wie das EWG. nun das Aval im Art. 31/2 und in der Überschrift bezeichnet — nicht an die wechselmäßige Form gebunden (Art. 142). Das EWG. verlangt dagegen, von dem Grundsatz der Geschlossenheit des Wechselverhältnisses auch hier ausgehend[155]), Erklärung auf dem Wechsel oder auf einem Anhang des Wechsels (Art.31/1 EWG.); dem franz.[155a]) Gesichtspunkt ist durch die Einräumung einer Reserve (Art. 4) Rechnung getragen. Die Verschiedenheiten der deutschen und der franz. Auffassung treten hier besonders deutlich in Erscheinung. Die deutsche Auffassung sieht im Wechsel einen Rechtsträger für sich. Wird zur Sicherung der Wechselforderung ein Pfand bestellt, so erlangt nach vielfach vertretener Auslegung der WO. der Indossatar keine Rechte am Pfand — darüber oben III—2 — während nach franz. Recht mit dem Indossament wie die „Provision", z. B. die Forderung des Ausstellers gegen den Bezogenen, die der Wechselziehung zugrunde liegt, so auch die Pfandrechte auf den Inhaber übergehen[156]), also wie alle Nebenrechte, daher auch die Bürgschaft[157]), die deshalb auf dem Wechsel gar nicht ersichtlich zu sein braucht. Die deutsche Lehre spricht von dieser als einer „uneigentlichen gemeinrechtlichen Wechselbürgschaft[158]). Das EWG. hält für alle Staaten, die nicht von der erwähnten Res. Gebrauch machen, soweit die Wechselbürgschaft in Frage kommt, an der deutschen Anschauung fest: Nur die Rechte aus der „eigentlichen", d. h.

---

[154]) Das ist der Skripturakt des Avalisten. So auch Adler, 35. Bernstein, a. a. O., Strobele, 51 u. a. m.; Grünhut, 137 sagt „der Aval".

[155]) Oben III, 1, c, Hupka, 16.

[155a]) Das ital. WG. gibt nur der auf den Wechsel selbst gesetzten Bürgschaftserklärung die Wirkung des Avals (arg. Art. 274, codice di comm.)

[156]) Sehr gut über diesen Unterschied Ernst E. Hirsch, der Rechtsbegriff Provision im franz. u. intern. WR., S. 3.

[157]) Ständige Rechtsprechung (repertoire pratique de legislation de doctrine et de jurisprudence, Bd. VII, 92).

[158]) OGH., 26. Jänner 1909, GlUNF. 4514, 11. Jänner 1899, GlUNF. 453; Ohmeyer bei Klang, Komm. ABGB. IV, 214; Ehrenzweig, System, II/1, 115.

offenen, auf dem Wechsel ersichtlichen Bürgschaft gegen den Bürgen sind „Rechte aus dem Wechsel", die kraft der Transportwirkung durch das Indossament wechselmäßig auf den Erwerber übergehen (Art. 14/1, 47/1); nur ein solcher Bürge haftet daher jedem Inhaber wechselmäßig, d. h. abstrakt und solidarisch mit anderen Wechselschuldnern und dabei auch primär, d. h. so, daß es einer Mahnung des Hauptschuldners, ja nicht einmal der Notifikation dem Bürgen gegenüber (arg. Art. 45 EWG.), geschweige denn der Vorausklage bedarf (Art. 47/1). Gewiß kann dieses Ziel, dem Wechsel erhöhte Sicherheit durch Erhöhung der Zahl der Haftpflichtigen zu schaffen, auch dadurch erreicht werden, daß jemand eine gewöhnliche Wechselverbindlichkeit etwa durch Ausstellung, Annahme oder Girierung des Wechsels auf sich nimmt (verkleidete, verschleierte Wechselbürgschaft)[159]), aber dann haftet dieser „verkleidete" Wechselbürge nach der Art seines Skripturaktes z. B. als Aussteller[160]), und nicht als „Avalist". Auch das Mitakzept, die Mitausstellung und die Mitindossierung kann also zwar dem Interzessionszweck dienen, aber mag auch der Avalist so haften wie derjenige, für den er sich verbürgt hat, seine Verpflichtungserklärung ist nicht so unabhängig, wie die der erwähnten Interzedenten; sie ist ungültig, wenn die des Schuldners, für den er sich verbürgt, formell ungültig ist, z. B. also wenn etwa die Erklärung des Akzeptanten, für den avaliert wird, nicht die Unterschrift des Bezogenen aufweist oder bedingt ist, oder wenn der, für den er haften zu wollen erklärt, schon wechselmäßig z. B. wegen Ablehnung des Obligos (Art. 15/1) nicht haftet (Grundsatz der formellen Akzessorietät). Ist die Verpflichtung des Hauptschuldners „aus einem anderen Grund als dem eines Formmangels" ungültig, z. B. wegen Verpflichtungsunfähigkeit (Art. 7), oder ist sie erloschen (z. B. wegen Verjährung, Art. 71), so bleibt der Avalist wechselmäßig weiter verpflichtet und haftet, im gegebenen Beispiel, so, wie der Akzeptant gehaftet hätte (Art. 32, Abs. 2 EWG.) (Grundsatz der materiellen Selbständigkeit der einzelnen Verpflichtungsakte). Der Mitakzeptant haftet dagegen, auch wenn die Unterschrift des anderen formell ungültig ist (Art. 7). Darin kommt

---

[159]) OGH., 11. April 1900 GlUNF. 964, 9. Juni 1914, GlUNF. 6956.

[160]) Ohmeyer, 213.

der Unterschied zur verkleideten Wechselbürgschaft und in der Gewährung des wechselmäßigen Regreßrechtes[161]) der Unterschied gegenüber der Stellung des interzedierenden gewöhnlichen Wechselschuldners oder Mitunterfertigers anderer Skripturakte (z. B. Mitakzeptanten) zum Ausdruck, dem im besten[162]) Falle das gemeinrechtliche Regreßrecht (§ 1359 ABGB.) zur Verfügung steht. Der Interzessionscharakter des Avals wird auch die Anwendung der Bestimmung des § 774/2 BGB. (§ 1359 ABGB.) auf den Regreß des Zahlenden gegenüber mehreren für denselben Wechselschuldner Avalierenden begründen. Der zahlende Avalist wird nach dem EWG. selbst Wechselgläubiger (Art. 32/3). Ebenso wie der Ehrenzahler. Wie bei der verschleierten Wechselbürgschaft durch Indossament z. B. der Indossant durch die Zahlung die volle Stellung eines Wechselgläubigers erhält, frei von Einwendungen, die gegen seine Nachmänner begründet wären (arg. Art. 50/2), so erhält der Avalist und Intervenient nicht nur[163]) die „Rechte" des Inhabers, d. h. die mit den Einwendungen gegen diesen behafteten Rechte, sondern er wird eben wechselberechtigter Inhaber.

Der Avalist kann, wenn er für einen Nachmann eines Schuldners, für den ein anderer Avalist eingetreten ist, Wechselbürgschaft geleistet hat, auch gegen diesen vollen Regreß nehmen. Das zeigt Art. 32, der Regreß „gegen alle wahrt, die diesem, d. i. seinem Hauptschuldner wech-

[161]) Auch das franz. WR. wird dem nichtwechselmäßigen Aval wie jetzt das deutsche WR. (Denkschrift 73) nur einen gemeinrechtlichen Rückgriff geben. Darin liegt eine bedeutsame Änderung gegenüber dem geltenden Rechtszustand.

[162]) Vgl. OGH., 2. März 1915, GlUNF. 7338, 11. Juni 1912, GlUNF. 5971 einerseits und die bei Ohmeyer, 239, Anm. 17 (für die Fälle der Ausschließung eines solchen Rückgriffes) anderseits angeführten Entsch.

[163]) Der Unterschied in der Ausdrucksweise zwischen Haager EWG. und Genfer EWG. zeigt dies. Das Haager EWG. spricht in Art. 31/3 davon, daß der zahlende Wechselbürge Rückgriff nehmen kann, was gleichwohl z. B. F. Meyer so auslegte, daß er nur die Rechte des Inhabers erwerbe; im Art. 62 des Haager EWG. wird dafür hervorgehoben, daß der Ehrenzahler in die Rechte des Inhabers „eintritt". Jetzt heißt es da (Art. 32/3) wie dort (Art. 63/1): Der Avalist (Ehrenzahler) „erwirbt" die „Rechte" aus dem Wechsel: Ihm gegenüber können daher bei gutem Glauben so wenig wie jedem andern gutgläubigen Erwerber Einwendungen aus den Rechtsbeziehungen des Schuldners „zum Aussteller oder zu einem früheren Inhaber" (Art. 17) erhoben werden.

selmäßig haften"; dazu gehören aber auch, arg. Art. 47, die Avalisten. Der Interzessionscharakter des Aval zeigt sich endlich darin, daß es als solches einerseits nicht zur Weiterbegebung nach Einlösung berechtigt, sondern nur nach Erlangung der Stellung des Vollindossatars oder Blankoerwerbers (Art. 52/1 und Art. 11/3), daß es auch nicht dem Avalisten selbständige Haftungsbeschränkungen etwa durch Befristung der Vorlage (Art. 22) gestattet, wie andererseits der Avalist nicht zur Wiederholung seiner Erklärung auf Duplikaten verpflichtet ist (unten IV). Eine Verselbständigung der Haftpflicht ist gegenüber dem BGB. (ABGB.) durch die Aufrechterhaltung der Verpflichtung kraft Skripturakt auch dort gegeben, wo eine Wechselverpflichtung eines Hauptschuldners z. B. wegen Minderjährigkeit (Formgerechtheit dieses Skripturaktes vorausgesetzt) nicht entstanden oder an die Voraussetzung der Protesterhebung geknüpft ist, während der Avalist diese erlassen hat (Art. 46 EWG.).

Im übrigen haftet der Avalist der Art und dem Umfang nach so wie sein Hauptschuldner wechselmäßig haftet. Darüber wurde das Nähere schon (oben II—E—4—a—α) ausgeführt. Hat der Akzeptant, für den er haftet, nur teilweise oder modifiziert akzeptiert, so haftet auch er nur nach Maßgabe des Teilakzeptes oder des modifizierten Akzeptes. Lediglich die wechselmäßige Haftung des Hauptschuldners bestimmt die Haftung des Avalisten; für den Anspruch aus der Bereicherung gegen den Annehmer oder aus der Deckungsersparnis gegen den Aussteller, der im EWG., weil es sich um einen zwar wechselrechtlichen, aber nicht wechselmäßigen Anspruch handelt[164]), nicht geregelt, sondern nach dem nationalen Recht zu entscheiden ist (Ref. 15)[165]), haften die Avalisten und Inter-

[164]) § 89 des tschechoslow. WG. spricht dies geradezu aus („nach bürgerlichem Recht"), ebenso Heinsheimer, Handels- u. Wechselrecht, S. 87, Quassowski, 787.

[165]) So schon Haager Abk. Art. 13 u. jetzt Art. 25 der Ref. im Abkommen eines einheitl. Scheckges. (Genf), vgl. auch Art. 89 des öst. WG. (entsprechend Art. 83 WO., aber mit Festsetzung einer dreijährigen Verjährungsfrist). Begründung S. 15. Die Ref. Art. 15 behält den Vertragsstaaten auch vor, einen Bereicherungsanspruch gegen die Indossanten zu gewähren (vgl. § 93 der skandinav. Wechselgesetze). Die Frage des Wesen dieses Anspruches wird damit unerledigt gelassen. Die erhaltene Deckung aus dem Revalierungs- und Valutaverhältnis wird von der herrschenden Lehre als Bereicherung betrachtet. Die

venienten zugunsten dieser Personen, nicht[166]). Der Avalist kann wie jeder andere Bürge bestimmen, wofür er haftet (§ 1353 ABGB.), aber nur die Summe, für die er haftet, kann er festsetzen, also auch die Haftung auch nur auf einen Teil der Wechselsumme beschränken (arg. Art. 30/1 EWG. „oder teilweise"), selbst wenn der Akzeptant, für den er etwa haftet, ein volles Akzept geleistet hat[167]). Er ist immer Zahlungsbürge. Ein Aval „für die Annahme" erzeugt keine wechselmäßige Haftung (während die zivilrechtliche Bürgschaft auch dafür geleistet werden kann: § 765/1, 772/1 BGB., § 1350 ABGB.).

Fehlt in der Bürgschaftserklärung der Hinweis, für wen die Bürgschaft geleistet wird, so gilt sie für den Aussteller abgegeben (Art. 31/4 EWG.)[168]). Die Avalierung kann auch das Akzept betreffen; wird das Aval ausdrücklich für den Bezogenen, der nicht angenommen hat — mag ihm vielleicht auch der Wechsel gar nicht zur Annahme vorgelegt worden sein, oder gar nicht vorgelegt werden sollen (oben II—D, Art. 22/2) — erklärt, so ist es wechselrechtlich ungültig (Art. 32/2)[169]).

Praxis geht mitunter darüber hinaus. OG. Brünn, 26. Februar 1931, Slg. 10.564 erblickt sie sogar darin, daß ein Geschäftsführer einer Ges. m. b. H. seine Ansprüche ungerechtfertigt vor dem Wechselanspruch gegen die Ges. m. b. H. aus dem Vermögen der Ges. m. b. H. befriedigt; die Einschränkung auf die Bereicherungsklage, u. zw. gegen den Aussteller empfiehlt Strobele, 87, sogar für das Scheckrecht (entgegen § 19 des geltenden Scheckges.); dem engl. WR. ist der Bereicherungsanspruch unbekannt, da mit der Präjudizierung auch der Anspruch aus dem Grundgeschäft untergegangen ist; dem folgt auch das neue russ. WR.

[166]) Rouček, 280; das bestreitet Langen, ZHR. 90, 165, Anm. 122 (er beruft sich auf Art. 58/1 „in gleicher Weise"); aber einerseits ist damit nur die wechselmäßige Haftung gemeint, andererseits wird (Art. 15 Ref. Art. 89 öst. WG.) die Haftung im Gesetze gerade nur auf die ersparte Deckung, obwohl Valuta empfangen worden ist, oder nur auf den Empfang der Deckung ohne Gegenleistung gegründet.

[167]) Änderung gegenüber dem Haager EWG., das die Wechselteilbürgschaft noch nicht kannte.

[168]) Das entspricht dem Haager EWG. (Art. 30/4); anders tschechosl. WG., § 62/3. (Akzeptant der Tratte.) Auch der Aussteller „haftet" ja für die „Zahlung der Wechselsumme" (Art. 30/1) immer, mag er auch die Haftung für die Annahme ablehnen oder die Annahme verbieten (Art. 9/2).

[169]) Anders das tschechosl. WG., § 62/3 (Konversion in eine Wechselbürgschaft für den Aussteller!).

b) Entgegen der Interzession durch Avalierung, kann nicht auch[170]) die Wechselintervention für den wechselmäßigen Prinzipalschuldner (Akzeptanten, Aussteller des eigenen Wechsels) geschehen (arg. Art. 55, Abs. 2, „gegen den Rückgriff genommen werden kann"), sie kann auch nicht von diesem geleistet werden — eine Notadresse kann weder der Aussteller des eigenen Wechsels noch der Annehmer angeben (Art. 56/1) — wogegen auch dem Prinzipalschuldner die Übernahme einer Wechselbürgschaft nach dem EWG. freisteht, was nur dann praktisch werden könnte, wenn sein Akzept ein modifiziertes ist, während er als Avalist, z. B. für den Aussteller auftretend, dann so wie dieser haftet (Art. 32/1 EWG.)[171]). Ein Aval für einen Indossanten ohne Obligo ist allerdings, mangels einer Schuld, ebenso unwirksam wie eine Intervention für diesen (arg. Art. 55/2); wohl kann der nichthaftende Indossant avalieren und intervenieren (Art. 55/3: „Jeder Dritte", Art. 30/2, „Dritter oder jede Person, deren Unterschrift sich auf dem Wechsel schon befindet"). Eine Ehrenannahme einer nicht akzeptablen Tratte, auch etwa zugunsten des Ausstellers, ist nicht zulässig (Art. 56/1 EWG.), obwohl es auch Fälle z. B. Unsicherheit gibt, die den Regreß vor Verfall ohne Rücksicht darauf, ob die Annahme gar nicht geschehen sollte, zulassen; ein Aval für den Aussteller kann dagegen in diesen Fällen geleistet werden. Das Aval kann von einer Notadresse geleistet werden, wie von jedem anderen Dritten (Art. 30) und der Avalist, nicht der Ehrenannehmer (arg. Art. 55/1), kann eine Notadresse berufen und Honorat eines Ehrenakzeptes sein. Dann ist seine Inanspruchnahme als Regreßpflichtiger auch noch von der rechtzeitigen und vergeblichen Präsentation des Wechsels bei der Notadresse oder dem Ehrenakzeptanten des Avalisten abhängig (Art. 55/1, Art. 56/2, Art. 60/2 EWG.). Der Avalist ist wechselmäßiger Regreßschuldner, er kann, so er vor Verfall gebürgt hat, in Anspruch genommen werden, wenn nur rechtzeitig Protest mangels Annahme und mangels Zahlung erhoben worden ist, aber nicht gerade bei ihm, sondern beim Bezogenen (oben II—E—4—a—α). Der Notadresse muß — die unten erwähnten Voraussetzungen als erfüllt angenommen

---

[170]) Langen, der Ehreneintritt nach der Haager einheitl. WO. in Z. f. HR., Bd. 90 (1927), S. 95, 97.

[171]) Die Wechselbürgschaft kann auch von einer Person geleistet werden, deren Unterschrift sich schon auf dem Wechsel befindet: Art. 30/2.

— der Wechsel vorgelegt werden, wenn vor Verfall oder nach Verfall Rückgriff genommen werden soll; nur steht in jenem Fall dem Inhaber eine längere Präsentationsfrist offen[172]). Die Intervention ist nur vor Verfall und dann noch einen Tag nach Ablauf der Protestfrist wechselmäßig zulässig. Die Notadresse ist überhaupt kein Schuldner, auch kein Garant, sondern schiebt nur die Präsentation bei ihr als weitere Bedingung für die Regreßnahme gegen die Regreßschuldner ein. Daher können die zur Notberufung Berechtigten (Aussteller, Indossanten, Bürgen) die Notadressen nur solange berufen, als nicht aus ihrer Erklärung einem Dritten z. B. dem Remittenten oder einem Indossatar wirklich ein Recht erwachsen ist. Avaliert kann dagegen eine Verpflichtung jederzeit werden, sie gewinnt ja damit nur an Wert; gegen den Willen des Inhabers ist freilich auch eine Avalierung nicht zulässig („Bürgschafts"-Vertrag); weigert sich der Inhaber, die Avalierung zuzulassen, so wird damit seine Regreßnahme nicht gehindert (arg. Art. 50: „Jeder Wechselverpflichtete"). Die Notadresse erhält erst bei Fälligkeit des Regreßanspruches rechtliche Bedeutung. Wird vom Notadressaten vorher der Wechsel „angenommen", so liegt darin kein Akzept (Art. 25 „Bezogener"), aber mangels einer weiteren Erklärung ein Aval (arg. Art. 31/3 EWG.). Der Hinweis auf die Intervention in der Erklärung schließt allerdings ein Aval aus. Schuldner wird dann die Notadresse erst durch die Ehrenannahme; sie ist nur bei der Tratte möglich (Art. 77). Der Ehrenakzeptant hat vor Verfall nicht Regreß zu leisten, sondern schließt ja gerade den Regreß vor Verfall gegen den Honoraten und dessen Nachmänner (nicht gegen dessen Vormänner, zu denen, arg. Art. 43/1, auch der Annehmer zählt), aus (Art. 56/3 EWG.)[173])

---

[172]) In diesem Fall nur noch bis zum Tage nach Ablauf der Protestfrist „mangels Zahlung". Art. 60/1 EWG. Langen, ZHR., a. a. O., 118.

[173]) Die geltende WO., Art. 61/2 gibt dem Honoraten und seinen Vormännern trotz Ehrenannahme den Regreß auf Sicherstellung; dieses Recht haben sie nach dem EWG. zwar nicht. Es gibt ja keine Sicherstellung mehr, sondern nur Zahlung. Diesen Zahlungsregreß gibt ihnen aber Art. 58/2 EWG.; der Honorat und seine Vormänner können nämlich vom Inhaber den Wechsel gegen die volle Regreßsumme, auf die der Inhaber lt. Art. 48 Anspruch hat, einlösen (Art. 58/2). Damit erlangen sie das volle Regreßrecht gegen ihre Vormänner gemäß Art. 49 und Art. 47/3 EWG. Deshalb trifft auch den Ehrenakzeptanten die Notifikationspflicht aber nur gegenüber dem

und haftet nach Verfall nur, wenn auch ihm spätestens am Tage nach Ablauf der für die Erhebung des Protestes mangels Zahlung vorgeschriebenen Frist[174]) — die WO. Art. 60/2 beschränkte das auf die Protestfrist — der Wechsel zur Zahlung vorgelegt wird. Das EWG. ist leider hier nicht sehr deutlich; es verfügt indes[175]), daß der Ehrenakzeptant so haftet wie der Honorat (Art. 58/1), d. h., daß auch der Ehrenannehmer, dessen Honorat der Aussteller, ein Girant oder ein Avalist ist, nur für die Zahlung haftet, falls dem Akzeptanten rechtzeitig der Wechsel zur Zahlung vorgelegt und bei Nichtzahlung — Protesterlaß angenommen — protestiert worden ist. Wäre dies unterlassen worden, so würde ja auch der Honorat, dessen Haftung, so wie die des avalierten Schuldners die des Avalisten, die Haftung des Ehrenschuldners bestimmt, nicht mehr haften (Art. 58/1). Der Honorat und dessen Nachmänner werden frei, wenn nicht auch dem Ehrenakzeptanten der Wechsel während der oben erwähnten Frist zur Zahlung vorgelegt und bei Nichtzahlung protestiert worden ist (Art. 60/2). Nur der Akzeptant wird nicht befreit, da er nie Honorat des Ehrenannehmers ist (arg. Art. 55/2 EWG.). Die Notadresse oder ein Dritter kann sich durch die Ehrenannahme — davon abgesehen könnte ja, wie oben ausgeführt, die Verpflichtung als Aval entstehen — nur verpflichten, wenn die Voraussetzungen des Rückgriffes vor Verfall eintreten, d. h. z. B. Annahmeverweigerung vorliegt und Protest mangels Annahme erhoben ist. Der Ehrenakzeptant ist auch nur ein Regreßschuldner, dessen Inanspruchnahme aber erst nach Verfall und nach rechtzeitiger Kontraprotesterhebung möglich ist (arg. Art. 58/1, 60/2). Zahlt er rechtzeitig, so ist er Ehren-

---

Honoraten (Art. 55/4), nicht diesem gegenüber seinen Vormännern (anders also bei der allgemeinen Notifikationspflicht nach Art. 45/1, Satz 2 EWG.); aber die Voraussetzungen, z. B. Nichtannahme des Wechsels, müssen ihnen nach Art. 45 „notifiziert" werden, nicht die Ehrenannahme. Der Inhaber verliert mit der Ehrenannahme sein Regreßrecht gegen den Honoraten und dessen Nachmänner (Art. 56/3); dadurch entgeht den Nachmännern auch das Einlösungsrecht (arg. Art. 50 „gegen den Rückgriff genommen werden kann") wie das Rückgriffsrecht (da ja dieses die Einlösung des Wechsels voraussetzt). Art. 61 der WO. hat dies nur ausdrücklich also ausgesprochen, was, da daraus selbstverständlich, nun im WG. nicht erst betont wird. Langen, 150.

[174]) Entstammt der deutschen Nov. 1908.

[175]) Ebenso schon Haag, Art. 57/1.

zahler, zahlt er später, so ist er nur Regreßschuldner; als solcher haftet er so wie der Honorat. Das wird jetzt ausdrücklich hervorgehoben; aber auch als Ehrenzahler, also bei Zahlung spätestens am Tage nach Ablauf der Protestfrist, muß er dann, so das Landesgesetz sie vorsieht, auch die Provision zahlen[176]).

Die Ehrenannahme kann vom Inhaber zurückgewiesen werden:

α) wenn sie von einer anderen Seite als einer Notadresse angeboten wird (Art. 56/3) oder

β) von einer nicht auf den Zahlungsort lautenden Notadresse (Art. 56/2) oder

γ) nicht uneingeschränkt die volle Wechselsumme umfaßt (anders Aval!) oder

δ) zwar von einer, aber nicht durch einen hiezu vom EWG. legitimierten Wechselverpflichteten berufenen Notadresse oder

ε) von einer solchen Notadresse, die nicht berufungsfähig ist[177]) —

ζ) das sind die zur Intervention fähigen — oder von einer solchen, die nicht wechselmäßig (also z. B. nur auf einer Abschrift) bereits als Notadresse ersichtlich ist, geleistet werden soll. Das EWG. enthält zwar eine Bestimmung, daß die Notadresse auf dem Wechsel angegeben sein müsse (vgl. Art. 56/1 WO.), nicht mehr. Eine bestimmte Form ist für die Notadresse nicht vorgeschrieben. Eine Unterschrift des „Angebenden" ist nicht notwendig, wird sogar häufig fehlen. Die Vermutung spricht im Zweifel dafür, daß sie vom Aussteller herrührt. Die erwähnten Fälle ausgenommen, kann der Inhaber die Ehrenannahme, wo Rückgriff vor Verfall möglich, nicht zurückweisen[178]). Es können nur Aussteller, die Indossanten, auch sofern sie nicht haften, und der Avalist aber Notadressen berufen (Art. 55).

Der Ehrenzahler ohne vorausgegangenes Ehrenakzept ist überhaupt kein Wechselschuldner; die Ehrenzahlung wird nur durch Quittung des Inhabers auf

[176]) Die herrschende Lehre, z. B. Grünhut, II, 491, Staub-Stranz zu Art. 60, Anm. 3, Lenhoff, S. 203, Laufke, 325 geht für die geltende WO. davon aus, daß der Ehrenakzeptant bei rechtzeitiger Zahlung (d. i. innerhalb der Frist) keine Provision zu leisten hat.

[177]) Z. B. Annehmer Langen, ZHR., a. a. O., 103.

[178]) Arg. Art. 56/3, Satz 1. Abweichung vom Haager EWG., Art. 55/2: „Der Inhaber kann die Ehrenannahme zurückweisen, auch wenn sie von einer Notadresse angeboten wird."

dem Wechsel unter Anführung des Honoraten vermerkt (Art. 62), aber eine Wechselschuld setzt eine Gebundenheit zu einem künftigen Verhalten und einen Skripturakt des Verpflichteten voraus. Beides fehlt. Bei der Wechselbürgschaft besteht die Erklärung schon in der Unterschrift des Avalisten auf der Vorderseite des Wechsels, sofern der Avalist weder Bezogener noch Aussteller ist (Art. 31/3 EWG.); im übrigen wird die Bürgschaft durch die Worte als Bürge oder einen gleichbedeutenden Vermerk ausgedrückt (Art. 31/2) und die Erklärung selbst muß nicht handschriftlich geschehen, wohl aber die Unterfertigung. Für das Ehrenakzept wird eine ausdrückliche, wenngleich auch nicht gerade geschriebene „Annahmeerklärung" („Vermerk"), die aber unterschrieben sein muß, verlangt (Art. 57). Die Unterschrift allein genügt freilich nicht; sie würde auf der Vorderseite des Wechsels als Aval, auf der Rückseite entweder als Indossament oder als Hindernis der wechselrechtlichen Wirkung der nachfolgenden Indossamente betrachtet werden müssen. Die WO. verlangt die Feststellung der Ehrenannahme in einem Anhang zum Protest (Art. 58/1). Neu ist die dem Haager EWG. entlehnte Bestimmung des EWG., daß auch die Ehrenzahlung nicht durch einen Interventionsprotest beurkundet werden muß. Die oben erwähnte Quittung bezeichnet den Honoraten, d. i. denjenigen, für den gezahlt wird (Art. 62/1). Ebenfalls gegenüber der WO. neu wird verfügt, in Übereinstimmung auch hier mit dem Haager EWG., daß die Ehrenzahlung nicht nur nach Verfall, sondern auch schon vor Verfall in Fällen zulässig ist, in denen der Inhaber Rückgriff nehmen kann (Art. 59/1). Wie die Ehrenannahme[179]) inhaltlich nach dem EWG. (ebenso übrigens nach der WO.) ein für allemal feststeht — jede abweichende Erklärung nimmt der Erklärung die Bedeutung als Ehrenannahme[180]) —, so muß der Inhaber nur eine solche Ehrenzahlung zur Vermeidung der Ausübung des Rückgriffsrechtes gegen den Honoraten und dessen Nachmänner zulassen, die den vollen Betrag, den der Honorat hätte zahlen müssen,

[179]) Die Ehrenannahme kann nur für die ganze Wechselsumme gegeben werden; ist allerdings nur ein Teilakzept gegeben worden, so kann der nicht angenommene Teil durch Ehrenannahme gedeckt werden (arg. Art. 56/1 „in allen Fällen, in denen vor Verfall Rückgriff . . .", Art. 48, Z. 1 „soweit der Wechsel nicht angenommen ist"). Der Rückgriff erstreckte sich ja auch nur auf diesen Teil. Ebenso Langen, 144.

[180]) Langen, 158.

umfaßt, also auch, wo das Landesgesetz eine Provision miteinbezieht, diese (arg. Art. 59/2)[181]). Der Ehrenzahler entreißt also nicht mehr dem Inhaber die Provision; denn das EWG. setzt fest, was die Ehrenzahlung umfassen muß, um nicht zurückgewiesen werden zu können, während die WO. darüber nichts verfügte; aber aus ihrem Art. 63 (arg. „Kosten") wurde geschlossen, daß nach der WO. der Ehrenzahler eben nur die Wechselsumme und Kosten, aber weder Zinsen[182]), die allerdings doch nur den sehr kleinen Zeitraum der Protestfrist umfassen, noch Provision zu zahlen hat. Allerdings überläßt es Res. 14/2 der Landesgesetzgebung, eine Provision überhaupt[183]) oder auch nur[184]) zugunsten des Inhabers einzuführen; denn soll wirklich der Ehrenzahler nur Provision zahlen müssen, um sich beim Honoraten oder dessen Vormännern zu regressieren? Die Ehrenzahlung wird also gewiß nicht an praktischer Bedeutung gewinnen. Nach der WO. und dem Haager EWG. lag ja der Hauptreiz für den Regreßschuldner, Ehrenzahlung zu leisten, darin, daß er dadurch die Provision ersparte. Er kürzt jetzt nach EWG. vielleicht nur den Rücklauf ab. Der Ehrenzahler ist also nach Genfer EWG. nach der Einlösung nicht besser daran als ein Regreßschuldner. Er ist nur gegenüber diesem insofern im Nachteil, daß er auch bei Einlösung vor Verfall nicht mehr den Wechsel weiterindossieren kann (Art. 63/1), was diese tun können (arg. Art. 11/3). Auch wenn die Notberufung von einem Indossanten ausgeht, so gilt, falls die Quittung keinen Honoraten bezeichnet, der Aussteller als Honorat (Art. 62). Die geltende WO. hat die Zahlung des Intervenienten im Protest ersichtlich zu machen vorgeschrieben („Erfolg", Art. 62/1 WO.), aber eine Regelung

[181]) Das Haager EWG. (ebenso das poln. WG., Art. 60 und das jugoslaw., § 60) nahm die Provision von der vom Ehrenakzeptanten und Ehrenzahler zu leistenden Schuldsumme aus; hier wurde noch die Ehrenzahlung als Leistung betrachtet, die der Bezogene bei Verfall hätte machen müssen und nicht als freiwillige Regreßleistung; der nicht rechtzeitig zahlende Ehrenannehmer mußte allerdings nach Haager EWG. und der WO. Provision zahlen. Vgl. oben Anm. 176.

[182]) So Adler, 116, aber Staub und Grünhut verpflichten den Ehrenzahler auch zur Zahlung der Zinsen; — nach Laufke, 328 sind nur Verzugszinsen zu zahlen, nach Michaelis 291 auch Provision.

[183]) Sokal, 249; siehe aber öst. WG. und deutschen Entw. (Art. 48, Z. 4, 49, Z. 4).

[184]) Zweifel erweckt der 2. Abs. der Res. des Art. 14 auch darüber, ob überhaupt zugunsten des Ehrenzahlers ein solcher Anspruch festgesetzt werden kann.

darüber, wer als Honorat zu betrachten ist, unterlassen[185]); aber die herrschende Ansicht kam zu dem Ergebnisse, das jetzt in dem EWG. ausdrücklich normiert ist. Zur Ausübung der Rechte benötigt der Ehrenzahler den mit der seine Zahlung „als Ehrenzahlung“ anführenden Quittung versehenen Wechsel und den Protest über die vergebliche Präsentation des Wechsels bei dem Bezogenen. Wie nach geltendem Recht erwirbt der Ehrenannehmer und jeder andere Ehrenzahler durch die Zahlung die Rechte aus dem Wechsel, von selbst durch die Zahlung, — die Ehrenannahme als solche verpflichtet, aber berechtigt nicht, — nicht erst durch Zession, aber ohne Gefahr einer Schadenersatzpflicht nur bei rechtzeitiger Notifikation an den Honoraten, die die geltende WO. vielleicht voraussetzt, aber nicht vorschreibt[186]); die bei Unterlassung der Benachrichtigung eintretende Schadenersatzpflicht ist, wie überall, nach dem EWG. mit der Höhe der Wechselsumme begrenzt (Art. 55/4); die geltende WO. kennt (anders als sonst) bei Unterlassung der Notifikation des Ehrenakzeptanten auch nur eine Schadenersatzpflicht, aber begrenzt sie nicht.

Die Wirkung der Ehrenzahlung als eine die Nachmänner des Honoraten befreiende, d. h. schuldaufhebende Tatsache wird nun in dem EWG. besonders hervorgehoben (Art. 63/2). Der Inhaber kann und muß, nach wie vor, die dem Gesetz entsprechend angebotene Ehrenzahlung von jedem entgegennehmen; von den berufenen Intervenienten, d. i. den auf den Zahlungsort lautenden Notadressen und den dort wohnhaften Ehrenakzeptanten muß er sie sogar einholen (Präsentationspflicht), sonst verliert er auch nach dem EWG. den Regreß sogar gegen

---

[185]) Laufke, 329. Was zu geschehen hat, wenn dem Intervenienten Wechsel und Protest nicht ausgehändigt werden (Art. 62/2 EWG.), wird auch im neuen Gesetz nicht geregelt. Die WO. denkt nur an eine Leistung Zug um Zug (Art. 63/1 „gegen Erstattung der Kosten“). Fehlt aber die Möglichkeit der Übergabe des Wechsels und Protestes, so kann der Ehrenzahler sich nicht regressieren; insolange sind die Regressaten nicht in Zahlungsverzug. Die Regreßzahlung ist nicht Vorleistung (arg. Art. 50 „gegen“), daher ist der Regressat zur Verweigerung der Zahlung bis zum Empfang der Gegenleistung berechtigt (§ 320 BGB.).

[186]) Sie kennt sie nur als Pflicht des Ehrenakzeptanten (Art. 58/2 WO.). Die Frist ist im EWG. für Ehrenzahler und Ehrenakzeptanten mit zwei Werktagen (nach der WO. 2 Tagen) festgesetzt (Art. 55/4). Das Recht des Ehrenzahlers entsteht nicht als „abgeleitetes“, daher ebenfalls abstrakt (Art. 17). Vgl. C. R. Nr. 137.

die Adressanten oder den Honoraten des Ehrenakzepts[187]). Das EWG. geht nicht mehr davon aus, daß nur von einem der Wechsel „zu Ehren" angenommen werden kann (arg. Art. 60/1). Wird ein Ehrenannehmer unsicher, so begründet dies (arg. Art. 43) keinen weiteren Regreß vor Verfall. Der Inhaber kann nur auch dann ebenso gegen die Vormänner des Honoraten Regreß vor Verfall nehmen, wie vor dem Eintritt der Unsicherheit (Art. 56/3). Der Inhaber kann sich unter den mehreren Notadressen jene nicht aussuchen, der er bei Eintritt der Voraussetzungen des Rückgriffs vor Verfall den Wechsel zur Ehrenannahme vorlegen will. Er würde, um sich den Rückgriff soweit als möglich zu wahren, jene aussuchen, die die kleinste Zahl von Regreßverpflichteten vor der Regreßnahme schützte. Der Adressant einer „früheren" Notadresse wird dadurch geschädigt; denn die Ehrenannahme seiner Notadresse hätte ihn vor dem Rückgriff vor Verfall geschützt. Auch er „hat eine Notadresse beigefügt" (Art. 56/2). Also darf diese nicht übergangen werden. Die Übergehung macht die Ehrenannahme der „späteren" nicht ungültig, aber bewahrt auch den Adressanten vor dem Rückgriff. Hier kommt jetzt (entgegen dem Haager EWG.) das Genfer EWG. also zu dem gleichen Ergebnisse, wie der allerdings viel klarere Art. 56 WO. Erbieten sich mehrere Notberufene oder Nichtberufene für denselben Regreßpflichtigen zur Ehrenzahlung, so hat der Inhaber freie Wahl; intervenieren sie aber für verschiedene Schuldner, so muß er nicht dem „besseren", d. h. dem Intervenienten den Vorzug geben, dessen Zahlung die meisten Wechselschuldner befreit. Der Inhaber muß also auch nach dem EWG. nicht prüfen, wer mehr Schuldner befreit. Weist er nämlich die Zahlung eines nicht berufenen Intervenienten zurück und nimmt er die Zahlung eines Ehrenzahlers zugunsten eines späteren Indossanten an, so ist er ja bezahlt. Er hat keine Regreßrechte mehr, die er ja nur bei Nichtzahlung hätte und auch in diesem Falle würde er den Regreß nur gegen die Nachmänner des Honoraten verlieren; übergeht er aber eine Notadresse oder einen Ehrenakzeptanten, so verliert er den Rückgriff auch gegen den Adressanten oder Honoraten (Art.

---

[187]) Art. 60, Abs. 2 EWG. Weist der Inhaber die zugunsten des Adressaten oder Honoraten angebotene Ehrenzahlung zurück, so wird zwar nicht der Honorat, aber der Ehrenannehmer von seiner Verpflichtung befreit (arg. Art. 61 EWG.), mag ihm auch vom Inhaber der Wechsel fristgemäß (Art. 60/1) vorgelegt worden sein. Langen, 162.

60/2). Der Unterschied in der Behandlung beider Arten von Ehrenzahlungen mag wohl darin begründet sein, daß der berufene Intervenient vom Adressanten mit Deckung versehen ist[188]). Für den Fall der Nichtzahlung ist die wechselmäßig ersichtliche Reihenfolge der Notberufungen freilich nicht unwichtig. Die spätere Notadresse kann unter Hinweis auf ein früheres Ehrenakzept die Zahlung unterlassen; denn es ist Sache des Intervenienten, darauf zu achten, daß der „bessere" Intervenient, d. h. derjenige, dessen Zahlung mehr Wechselverpflichtete befreit, den „Vorzug" für seine Intervention hat. Solange der früher Berufene nicht aufgesucht wird, liegt daher keine, eine Kontraprotesterhebung begründende Zahlungsweigerung der späteren vor. Insofern muß auch der Inhaber die Reihenfolge der zur Ehrenzahlung Berufenen beachten; er kann sonst Regreßrechte verlieren. Beachtet aber der Intervenient die Reihenfolge oder auch nur die ihm bekannte Zahlungsbereitschaft eines besseren Intervenienten nicht, so verliert er den Rückgriff gegen alle Nachmänner dessen, für den dieser zahlen wollte. Die WO. verpflichtete allerdings den Zahler nur zur Beachtung der wechselmäßig, d. h. nur aus Wechsel oder Protest (Art. 88, Z. 5 WO.) ersichtlichen Intervenienten; nur ihre Umgehung bringt den „schlechteren" Intervenienten um die Wechselrechte gegen die Nachmänner des Schuldners, für den der „bessere" zahlen wollte. Ganz anders das EWG. Darnach genügt auch eine außerwechselmäßige, d. h. nicht gerade dem Inhalte des Wechsels oder Protestes zu entnehmende Kenntnis einer „besseren" Intervention, um dem schlechteren Ehrenzahler den Regreß gegen die Nachmänner des Honoraten des verdrängten Intervenienten zu entziehen[189]), also ihm nur die Regreßrechte zu geben, die der Verdrängte durch die Zahlung erlangt hätte (Art. 63/3, Satz 2). Das EWG. kennt auch nicht mehr[190]) den Provisionsanspruch des Ehrenakzeptanten, der infolge der Wechseleinlösung durch den Bezogenen oder einen anderen Intervenienten nicht zahlen mußte. Wird von anderer Seite Ehrenzahlung, und zwar zugunsten eines dem

---

[188]) Langen, 184 sieht den Grund darin, daß der Inhaber durch Übernahme eines auf Notberufene weisenden Wechsels sich damit abfindet, die Ehrenzahlung auch anzunehmen.

[189]) Noch weiter geht das tschechosl. WG. (§ 60/2); da genügt die objektive Tatsache, daß ein anderer, „besserer" Intervenient sich zur Zahlung angeboten hätte. Rouček, 271.

[190]) Art. 65 WO., ebenso § 61 tschechosl. WG.

Honoraten des Ehrenakzeptes nachfolgenden Indossanten geleistet, so daß eine Vorlage des Wechsels beim Ehrenannehmer unterbleibt, so wird dieser aber schon deshalb wenigstens von dem Regreßanspruch des Ehrenzahlers gegen ihn befreit (arg. Art. 60/2 EWG.).

IV. Vervielfältigungen

1. Duplikate. Sie bilden zusammen nur einen Wechsel, obwohl jede „Ausfertigung" den Wechsel darstellt. Nur Duplikate einer Tratte können ausgegeben werden, nicht solche eines eigenen Wechsels[191]), hierin hat sich also nichts geändert. Die Pflicht zur Ausstellung von Duplikaten trifft grundsätzlich den Aussteller und die Pflicht zur Wiederholung der Indossamente die Indossanten (Art. 64/3, letzter Satz) — nicht andere Wechselschuldner wie z. B. den Avalisten und Ehrenakzeptanten. Sie besteht gegenüber dem Inhaber (Art. 64/3 EWG.), während die WO. die Pflicht gegenüber dem Remittenten und Indossatar festsetzt[192]). Die Pflicht wird daher jetzt auch gegenüber dem, der durch Blankotradition (oben III—2), Interzession (Avalzahlung) oder durch Ehrenzahlung den Wechsel erlangt hat, erfüllt werden müssen. Die Pflicht zur Ausstellung von Duplikaten ist nichtzwingendes Recht. Es kann die Verpflichtung wechselmäßig durch den aus dem Wechsel ersichtlichen[193]) Hinweis, daß er in einer einzigen Ausfertigung ausgestellt worden ist[194]) oder durch eine andere Klausel[195]) ausgeschlossen werden (Art. 64, Abs. 3, Satz 1 EWG.). Ist die Verpflichtung nicht ausgeschlossen, so wird sie mit dem Verlangen des Inhabers fällig. Er kann „mehrere" Stücke fordern. Wieviel, wird ebensowenig bestimmt wie die Form, in der das Verlangen zu stellen ist. Es wird nur der Adressat bezeichnet, der sich nämlich wie schon nach der WO. nach der Reihenfolge der Indossamente bestimmt. Dem Aus-

---

[191]) Arg. Art. 77. So auch das engl. und franz., sowie skand. WR., anders das italien. WR. Sind gesetzwidrig mehrere Ausfertigungen eines Eigenwechsels „ausgestellt", so liegen eben dann mehrere selbständige Eigenwechsel vor (bestritten).

[192]) Art. 66 WO., dem § 66 des tschechosl. WG. folgt.

[193]) In der WO. unbekannt, aber gewiß deshalb nicht unzulässig und unwirksam, wie die Denkschrift 98 meint. Vgl. Grünhut, II, 326.

[194]) Es genügt wohl die Beifügung „Sola"-Wechsel; anders anscheinend Rouček, 286.

[195]) Laufke, 303.

steller und den Indossanten sind, was jetzt ausdrücklich festgesetzt wird, die Kosten der Herstellung der Ausfertigungen und ihrer Übergabe — die Verpflichtung erstreckt sich auch auf die Übermittlung vom Vormann auf den Nachmann bis zum Inhaber (arg. Art. 64 „die Übergabe") — zu ersetzen (Art. 64/3 EWG.). Vorauszahlung der Kosten kann nicht begehrt und wegen Nichtvorauszahlung die Wiederholung des Skripturaktes nicht verweigert werden[196]). Dem Aussteller ist auch der erste Wechsel zugleich mit dem Verlangen zu behändigen; er muß ihn ja, will er den anderen Ausfertigungen den Charakter von Solawechseln nehmen, im Text ebenso als Vervielfältigungsstück („Prima") wie die anderen Ausfertigungen durch „fortlaufende Nummern" („Sekunda" usw.) kennzeichnen (Art. 64/2 EWG.)[197]). Nach Verlust der Prima kann also kein Duplikat gefordert werden, mit dem eine bestrittene Entscheidung des Reichsgerichtes den an die Nichtvornahme der Präsentation und Protesterhebung geknüpften Verlust der Regreßrechte (vor Kraftloserklärung des in Verlust geratenen Wechsels) verhindern wollte[198]).

Die Bestimmungen über Form und Wirkungen der Ausstellung von Duplikaten unterscheiden sich nur wenig von den Bestimmungen der WO.[199]). Obwohl Art. 66 EWG. die Bestimmung des Art. 68, S. 2, WO., daß das Fehlen des Antreffungsvermerkes, der sog. „Verwahrungsklausel" („Depotklausel"), auf der Begebungsausfertigung (Umlaufsexemplar) dieser nicht die Wechselkraft nimmt, nicht mehr wiederholt, so ist nicht zu zweifeln, daß sich hierin nichts geändert hat und daß dieser Mangel den Inhaber nur von der Erhebung des Ausfolgungsprotestes (Perquisitionsprotestes) und des Protestes mangels Annahme oder Zahlung als Bedingung der Regreßnahme gegen alle Regreßschuldner (auch Avalisten und Ehrenakzeptanten) befreit. Die Vormänner des Versenders haben daher das

---

[196]) „Auf seine Kosten" sagt Art. 64, Abs. 3, nicht „gegen Ersatz der Kosten" (wie etwa Art. 50/1 „gegen Entrichtung der Wechselsumme"). Es handelt sich um einen wechselrechtlichen Anspruch, daher Verfahren in Wechselstreitigkeiten (aber nur in Österr., § 555 ö. ZPO., nicht im Deutschen Reich, Michaelis 306), ebenso Zuständigkeit und Behandlung als Wechselrechtsanspruch (§§ 95, 200 GVG., § 51, Z. 3, 225 öst. ZPO.).

[197]) Hier hat sich auch die Ausdrucksweise gegenüber der geltenden WO. geändert.

[198]) Entsch. Rg. Bd. 49, 135; sehr bestritten.

[199]) Denkschrift, 98, Michaelis 320.

größte Interesse daran, daß er die Verwahrungsklausel beifügt. Begibt er nämlich die Wechselausfertigung ohne diesen Vermerk, so gerät er selbst, aber vor allem sie in die Gefahr, einerseits gegen den Akzeptanten nicht vorgehen zu können, da doch dieser nur gegen Ausfolgung des Akzeptationsexemplares zahlen muß (Art. 39/1 und 65/1, Satz 2). Sie müssen aber anderseits selbst Regreß leisten. Den Versender trifft eine allerdings nur zivilrechtliche Haftung wegen Unterlassung der Beifügung der Verwahrungsklausel, die ja seine wechselrechtliche Pflicht ist, auf deren Erfüllung er auch von dem Inhaber geklagt werden kann. Das Akzeptexemplar, d. i. die zur Annahme versendete Ausfertigung, ist von dem Verwahrer — das EWG. vermeidet diesen Ausdruck der WO. — dem „rechtmäßigen Inhaber"[200]) auszufolgen. Das ist nicht bloß der „wertpapiermäßig Legitimierte", wie Art. 16 vermuten ließe. Ist das Umlaufexemplar in die Hände eines anderen gekommen, so hat er, sofern dies rechtmäßig geschah — durch Avalzahlung oder Ehrenzahlung vor Verfall z. B. — ohnehin nur Rechte gegen den Akzeptanten, wenn zugunsten dessen Nachmänner gezahlt worden ist, was ja eine Protesterhebung mangels Zahlung schon voraussetzt (arg. Art. 44, Abs. 5). Gleichwohl ist auch für sie der Besitz des Akzeptexemplares von Bedeutung; denn der Bezogene kann ja auch nachher akzeptiert haben und muß nur gegen Rückgabe des akzeptierten Exemplares zahlen. Der allerdings wechselrechtlichen Pflicht zur Ausstellung von Duplikaten steht das Recht des Ausstellers gegenüber, auch ohne Verlangen eines Inhabers, jederzeit „Ausfertigungen" der Tratte auszustellen. Das war zwar auch bis nun nicht zweifelhaft, wird aber jetzt ausdrücklich hervorgehoben (Art. 64/1), obwohl auch das EWG. im wesentlichen nur den Inhalt der Pflicht der Wiederholung des Skripturaktes auf den Ausfertigungen regelt. Die Indossanten sind nicht bloß verpflichtet, ihre Indossamente auf den neuen Ausfertigungen zu wiederholen, sondern auch berechtigt — ihr Recht und ihre Pflicht ist allerdings nach wie vor akzessorisch und setzt die Ausstellung mehrfacher Ausfertigungen des Wechsels durch den Aussteller der Tratte voraus —, die Anführung von Notadressen zu wiederholen. Das hat Bedeutung. Der In-

---

200) Die WO. umschreibt den gleichen Gedanken vielleicht umständlicher („Indossatar oder auf andere Weise zur Empfangnahme Legitimierte"); also auch ein Zessionar.

haber ist berechtigt, nach Verweigerung der Ausfolgung des Versendungsexemplares (Akzeptexemplares) — die Erhebung des Ausfolgungsprotestes und Protestes mangels Annahme oder Zahlung vorausgesetzt — ohne weiteres Rückgriff gegen die Indossanten zu nehmen; es wären denn Notberufungen auf dem Umlaufsexemplar ersichtlich. Fehlen sie, so ist er regreßberechtigt, ohne sich darum kümmern zu müssen, ob vielleicht das Versendungsexemplar Notadressen oder ein Ehrenakzept aufweist (arg. Art. 56/2 „auf dem Wechsel"). Gegen den Ehrenakzeptanten hat er allerdings keine Möglichkeit des Vorgehens, ebenso wenig gegen den Avalisten des Akzeptexemplares (arg. Art. 68/2); für den dadurch entstehenden Schaden muß ihm der Verwahrer Ersatz leisten. Auch daran hat sich nichts geändert, daß, mag auch eine kassatorische Klausel[201]) fehlen, durch die Zahlung oder durch die im Wege anderer Tilgungsarten einer Wechselverpflichtung eingetretene Einlösung einer Ausfertigung die Rechte aus allen anderen Ausfertigungen erlöschen — das wird nun ausdrücklich hervorgehoben (Art. 65, Abs. 1, Satz 1) —, sofern es sich nicht um die Haftung des „trennenden", d. h. des mehrere Ausfertigungen an verschiedenen Personen übertragenden Indossanten und seiner Nachmänner aus ihren Indossamenten und um die Verpflichtung des Bezogenen handelt, der mehrere Ausfertigungen, die nicht zurückgestellt worden sind, akzeptiert hat. Auch das EWG. setzt keine Frist fest, innerhalb der noch Ausfertigungen verlangt werden können. Das Verlangen kann, sofern es nicht schikanös ist, daher auch nach Verfall, auch nach Verjährung (wichtig z. B. wegen Bereicherung) vom Inhaber gestellt werden. Es erlischt aber mit dem Untergang der Wechselschuld, z. B. durch Einlösung seitens des Bezogenen.

2. Kopien („Abschriften"). Sie stellen nicht wie Duplikate den Wechsel dar, gehen daher auch nicht vom Aussteller aus. Daher wird wohl jetzt hervorgehoben, daß der Inhaber sie ausstellen darf; er allein kann ja damit den legitimen Zweck, einerseits das Papier durch Weiterbegebung zu verwerten und anderseits in der Verwertung durch den mit der Einholung des Akzeptes auf dem

---

[201]) Über sie: Oben III, 1, b. Das mußte ausdrücklich gesagt werden, weil das WR. einzelner Vertragsstaaten z. B. Spaniens (codigo de com., Art. 448) ohne kassatorische Klausel die Wechselrechte aus den anderen Ausfertigungen trotz Bezahlung der einen aufrechterhält.

Originale oder dessen Präsentation zur Zahlung etwa verbundenen Zeitaufwand nicht behindert zu sein, verfolgen. Daher sind auch beim eigenen Wechsel (Art. 77), wie auch nach der WO., Kopien zulässig. Die WO. fordert, um die einzige mit der Ausstellung von Wechselkopien verbundene wechselrechtliche Wirkung, nämlich die Entstehung von Wechselrechten aus den auf die Kopie gesetzten Originalindossamenten zu erreichen, die volle Abschrift mit allen darauf befindlichen Indossamenten und Anmerkungen und die diese Abschrift des Wechsels abschließende Arretierungsklausel; das EWG. betont einerseits das Erfordernis der genauen Wiedergabe[202]), während mit Rücksicht auf den Wortlaut der WO. bis nun die Praxis unbedeutende Ungenauigkeiten durchließ (z. B. „gegen diesen Wechsel" statt „für diesen Wechsel")[203]). Während anderseits die WO. weiters bestimmt, daß das Fehlen des auch von ihr vorgeschriebenen Antreffungsvermerkes den Indossamenten auf der Kopie nicht die wechselmäßige Kraft nimmt, fehlt dieser Hinweis in dem EWG. Auch hierin folgt das EWG. seinem Haager Vorbild. Das jugosl. WG., sonst ein Abbild des Haager EWG., fügt aber ausdrücklich (§ 67) bei, daß das Fehlen dieses Vermerkes der Kopie die wechselrechtliche Wirkung läßt; aber im Genfer EWG. ist ein solcher Hinweis nicht enthalten. Eine Änderung gegenüber der WO. war nicht beabsichtigt[204]); auch die roman. WR. verlangen für die Wirksamkeit der Kopie nur ihre ausdrückliche Bezeichnung als Kopie. Auch jetzt bleibt die Arretierungsklausel Gültigkeitserfordernis (Art. 67/2). Die Kopie kann wirksam nicht jede Wechselerklärung tragen; sie kann vor allem nach wie vor kein gültiges Akzept aufnehmen (Art. 25, Abs. 1, Satz 1). Ausdrücklich wird jetzt (Art. 67, Abs. 3 EWG.) ausgesprochen, daß die Kopie mit Indossamenten und auch mit Bürgschaftserklärungen, und zwar nicht bloß zugunsten von Indossanten versehen werden, aber nicht mehr Grundlage von Ehrenakzepten oder Notadressen sein kann. Art. 56/2 und 57 sprechen deutlich aus, daß nur die auf dem Wechsel angegebene Notadresse beachtet und das Ehrenakzept auf dem Wechsel vermerkt werden muß. Neu ist eine

---

[202]) „Die Abschrift muß die Urschrift mit den Indossamenten und allen anderen darauf befindlichen Vermerken genau wiedergeben": Art. 67/2.

[203]) Philipp, 278.

[204]) Denkschrift, 98. Anders Laufke 305.

erst in Genf eingefügte[205]) Bestimmung, durch die der mißbräuchlichen Verwendung der Kopie vorgebeugt werden soll. Als Gegenstück[206]) zur Arretierungsklausel wird nämlich eine Exklusivklausel zugunsten der Kopie geschaffen (Art. 68/3 EWG.): Fügt der Inhaber dem Wechsel selbst die Klausel bei „von hier ab gelten Indossamente nur noch auf der Abschrift" oder einen gleichbedeutenden Vermerk, so ist ein später auf die Urschrift gesetztes Indossament nichtig; also Schutz des Inhabers! Im übrigen ist die Wirkung, die an den Besitz der Wechselabschrift geknüpft ist, nicht anders als nach der alten WO. Der „rechtmäßige Inhaber" (oben 1) kann, wenn er die Ausfolgung des Wechsels von dem im Antreffungsvermerk bezeichneten Verwahrer lt. Perquisitionsprotest nicht erlangen konnte, gegen die Indossanten und Avalisten der Kopie Regreß nehmen.

Der Unterschied zwischen den also mit wechselrechtlichen Wirkungen ausgestatteten Wechselkopien und den bloß als Abschriften von Wechseln bezeichneten, somit an sich wechselrechtliche Wirkung entbehrende Urkunden ist auch dem EWG. nicht fremd: Das ist ja z. B. eine „Kopie" ohne Arretierungsklausel, die aber auf ihren Charakter als Abschrift hinweist — sonst läge ein gefälschter Wechsel vor — oder die im Protest enthaltene wörtliche Abschrift (Art. 88, Z. 1 WO.) oder endlich jene beglaubigte Abschrift des Wechsels, die der Regreßschuldner, der den nicht angenommenen Teil der Wechselsumme entrichtet, vom Zahlungsempfänger verlangen kann (Art. 51 EWG.).

V. Amortisation, Vernichtung, Verstümmelung und Verjährung

1. Das EWG. enthält keine Bestimmungen über die Amortisation[206]). Aber das zweite Genfer Abk. über das Intern. Wechselprivatrecht (IWR.) überläßt (Art. 9) dem Recht des Zahlungsortes[207]) die Bestimmung der

---

[205]) Bericht Nr. 142: Schutz gegenüber dem dritten gutgläubigen Erwerber. Quassowski, 786.

[206]) Quassowski, a. a. O.

[207]) Die Haager Beschlüsse verwiesen die Frage in die Reserven. Art. 15 des Haager Abk. bestimmte: „Jeder Vertragsstaat kann die Folgen des Verlustes eines in seinem Gebiet zahlbaren Wechsels regeln, insbesondere, soweit es sich um die Ausstellung eines neuen Wechsels oder um das Recht auf Zahlung oder auf Eröffnung des Verfahrens zur Kraftloserklärung handelt. Die anderen Staaten können die Bedingungen festsetzen, unter denen sie die gemäß dem

Maßnahmen, „die bei Verlust oder Diebstahl eines Wechsels" — nicht erwähnt wird die Vernichtung[208]) — zu ergreifen sind. Damit wird an dem Grundsatz der WO. festgehalten (Art. 73), welche zur Amortisation des Wechsels das Gericht des Zahlungsortes beruft[209]). Die Bestimmung der WO. (und des WG., Art. 90), daß der Eigentümer Zahlung vom Akzeptanten gegen Leistung von Sicherheit verlangen dürfe, ist unpraktisch; es soll einerseits der Erlag der Wechselsumme bei Gericht als „Zahlung" des Akzeptanten gelten — aber wozu soll der Eigentümer erst Geld von Akzeptanten einheben, wenn er es gleich zur Sicherstellung verwenden muß? — anderseits kann doch nicht der Akzeptant dem Inhaber, der fristgerecht sich meldet, die Zahlung verweigern. Der Streit darüber, wem der Wechsel und damit wem das Recht an der hinterlegten Summe zusteht (dem „Eigentümer des abhanden gekommenen Wechsels" oder dem „Inhaber", der sich rechtzeitig meldet), muß wohl zwischen diesen ausgefochten werden. Entscheidend für diesen Stritt um die Herausgabe des Wechsels ist aber Art. 16, Abs. 2 EWG. („Ist der Wechsel einem früheren Inhaber irgendwie abhanden gekommen ..."), der den Inhaber nach Erwerb, also auch den nur durch ein Blankoindossament legitimierten (Art. 16, Abs. 1 EWG.) zur Herausgabe nur verpflichtet, wenn ihm mindestens grobe Fahrlässigkeit beim Erwerb zur Last liegt (oben II—B). Wird während der Aufgebotsfrist der Wechsel also vorgelegt, so ist das Verfahren einzustellen, ganz wie jetzt. Was ändert sich? Die Landesgesetze werden reichlich Arbeit haben, die Amortisationsbestimmungen entsprechend dem neuen EWG. zu ändern und zu ergänzen: die nichtakzeptable Tratte birgt viele Probleme, nicht weniger die Sichttratte, die gar keine An-

---

vorstehenden Absatz ergangenen gerichtl. Entscheidungen anerkennen." Der Vorschlag der intern. Handelskammer, ein Regulativ nach dem Muster des polnischen WG. aufzustellen, wurde in Genf nicht aufgegriffen.

[208]) Das tschech. WG., § 73 stellt diesen Fall dem des Abhandenkommens gleich; ebenso die deutsche (österr.) Lehre schon auf Grund des Art. 73 WO. Hier ist wieder ein Ansatz zu einer Entfremdung trotz einheitlicher Gesetzesgrundlage. Der Eigentümer des nur verstümmelten Wechsels wird allerdings auf dem Umweg des Rechtes auf das Duplikat wenigstens die Regreßrechte sich wahren können.

[209]) An der sachlichen Zuständigkeit der Gerichte wird sich auch wohl nichts ändern. Vgl. § 1005d ZPO. (Amtsgericht), § 73 tschech. WG. (Bezirksgericht), § 115 öst. JN. (Handelsgericht). Dazu Denkschrift 1932, S. 25.

nehmer hat und insbesondere die, deren Präsentationsfrist schon abgelaufen ist; problematisch wird auch in diesem Zusammenhange der Regreß vor Verfall, der zur Voraussetzung die Präsentation des Wechsels und die Protesterhebung hat; zu all dem müssen nun die Landesgesetze Stellung nehmen; sie müssen bestimmen, ob und mit welcher Wirkung das Ausschlußurteil (Amortisationsbeschluß) den Wechsel ersetzt. Die Begründung des öst. WG. (S. 25) war der Meinung, daß § 13 der K. Vdg., 31. August 1915, R 257 das Amortisationserkenntnis vollkommen an die Stelle des Wechsels treten läßt. Ob aber dieses genügende Grundlage einer Protesterhebung sein kann (Art. 38 EWG.), ist wohl zweifelhaft. Sowohl die deutschen als auch die österr. Vorentwürfe, Entwürfe des WG. und dieses selbst befaßten sich nur zum Teil mit dem Problem der „abhanden gekommenen Wechsel". Es wurden nur jene „besonderen" Vorschriften erlassen, die von dem allgemeinen Ausschluß-(Amortisations)verf. abweichen (öst. WG., Art. 90)[210]); das

[210]) Wie allerdings das Landesrecht das Verfahren und die Wirkungen seiner Einleitung bestimmt, bleibt ihm überlassen. Die frühere österr. Reg. Vorl. über die Vereinheitlichung des WR. von 1913 ließ im wesentlichen den materiellen Gehalt des Art. 73 bestehen (Art. 92 des Entw.), manches wurde hinzugefügt (was sich jetzt in der allerdings auf Wechsel und Schecks subsidiär anwendbaren (§ 17) kais. Vdg., 31. August 1915 RGBl. 257 über die Kraftloserklärung von Urkunden findet, so muß z. B. die Berechtigung des Einschreiters und der Verlust des Wechsels glaubhaft gemacht werden. Wie der Antragsteller aber die Präjudizierung der Wechselrechte gegenüber den Regreßschuldnern vermeiden soll und wie Sichtwechsel, die noch nicht vorgelegt worden sind, kraftlos erklärt werden können, war im Entw. 1913 so wenig geregelt wie in der WO. Das öst. WG. (Art. 90/1) erklärt nun (entgegen der allgemeinen Lehre der WO.), daß schon durch gerichtlichen Erlag der Akzeptant von seiner Wechselschuld befreit wird, also auch gegenüber dem Inhaber, der sich während der Amortisationsfrist meldet. Wozu ist dann dem Akzeptanten die Sicherheit zu bestellen? Durch Ausfolgung der Wechselsumme an den Antragsteller wird nämlich die Pflicht, dem Inhaber zu zahlen, auch nach dem WG. nicht aufgehoben. Festgehalten wird auch daran, daß alle im Wechsel genannten Personen von der Einleitung des Amortisationsverf. verständigt werden müssen. Die Frage, ob auf Grund des Ausschlußurteiles (§ 1017 a ZPO.), oder des Amortisationserkenntnisses (Beschlusses, tschechosl. WG., § 75, österr. R. ebenso) auch Regreßleistungen verlangt werden können (Jud. d. RG. u. OGH., Staub-Stranz, § 73; dann poln. WG., Art. 58), oder nur Zahlung vom Akzeptanten verlangt werden kann (§ 74 tschechosl. WG., Bernstein, Michaelis 327) entscheiden die Vorentw. nicht in jenem,

öst. WG. kennt auch eine Amortisation der „abhanden gekommenen oder vernichteten“ Protesturkunde (Art. 90/2). Wie schon erwähnt, werden die Landesgesetze auch durch Reserven nicht gehindert, daneben auch die Folgen der Vernichtung eines Wechsels, also der Zerstörung der Urkunde, die dadurch ganz ihrer stofflichen Wesenheit verlustig wird, selbständig zu regeln. Die Überschrift zu Art. 90 öst. WG. entspricht dem; Verlust und Vernichtung (arg. Art. 90/2) fallen unter ihren Begriff. Das EWG. selbst regelt die Fälle der Änderung des Textes (Art. 69). Darüber oben II—A—b. Die verstümmelte Urkunde kann nicht durch das Amortisationsverfahren zur Kraft gebracht werden, das nach einem Worte Karl Adlers das Fehlen, aber nicht die Fehler einer Urkunde heilen kann. Da die Bestandteile des Wechsels nunmehr einheitlich festgelegt sind, kann auch die nachträgliche Vernichtung eines solchen Bestandteiles überall nur die gleiche Wirkung hervorbringen.

2. Entgegen den Grundsätzen der WO. vermeidet das EWG. eine Festsetzung der Gründe der Unterbrechung und der Hemmung der Verjährung. Darüber entscheidet also Landesrecht (Ref. Art. 17/1). Zu dem Ergebnis war man auch schon im Haag gekommen, da sich bei der Verschiedenheit der Regelung gerade dieser Fragen in den einzelnen Staaten die Unmöglichkeit einer Angleichung gezeigt hat. Das geltende WR. kennt die Hemmung der Verjährung überhaupt nicht. Viele Landrechte kennen sie, z. B. deutsches BGB. (§ 202 ff.), österr., ung., tschech. Ausgl. O., § 9 (während sie Frankreich nicht kennt), und werden sie beibehalten (vgl. z. B. § 84 tschech. WG.). Wie schon in der WO. (Art. 80), wird auch im EWG. hervorgehoben (Art. 71), daß die Unterbrechung nur gegen den Wechselverpflichteten wirkt, auf den sich der Unterbrechungstatbestand, also z. B. die Klage bezieht, daher nicht gegen seine Vormänner, Avalisten und Intervenienten und umgekehrt. Ob der Anspruch gegen einen Regreßschuldner noch besteht, also nicht etwa verjährt ist, richtet sich als Wirkung seiner Erklärung nach dem Rechte des Landes, wo er die Erklärung abgegeben hat. Hier zeigt sich ein schwerer Mangel der Abkommen: Es ist weder die Vollstreckbarkeit der Wechselurteile gegenseitig gesichert, noch auch nur ein einheitlicher Gerichtsstand fest-

---

sondern in diesem Sinn; die Begründung des öst. WG. dagegen, wie erwähnt, gerade umgekehrt. Das WG. selbst schweigt darüber.

gesetzt. Der Inhaber, auch der den Wechsel einlösende Vormann oder Intervenient, kann also nicht alle Regreßschuldner mit wirtschaftlichem Erfolg in *einer* Klage belangen. Demgegenüber wird z. B. durch Streitverkündung an ihn im Prozesse des Inhabers gegen seinen Indossatar die Verjährung unterbrochen (§ 209, Z. 4, BGB., § 6 E. G. z. WG.); dauert der Prozeß sehr lange, so kann mittlerweile das Klagerecht gegen die Annehmer erlöschen, da die Verjährungsfrist gegen diese und gegen den Aussteller des eigenen Wechsels auch nach dem EWG. vom Verfallstag zu laufen beginnt; ebenso gegen den Avalisten und Ehrenakzeptanten, die für den Annehmer eingetreten sind (arg. Art. 32/3, 58/1 EWG.)[211]. Die Intervention und Interzession zugunsten der anderen Verpflichteten begründet wieder die Anwendung der für die Verpflichtungen dieser geltenden Verjährungsgrundsätze auf die Ansprüche gegen ihre Ehrenakzeptanten und Avalisten; über die Unterbrechung aber gilt das oben Gesagte. Weder an dem Ausgangspunkt der Verjährungsfrist des Anspruches gegen den Annehmer hat sich formal etwas geändert, noch an der Festsetzung des Ausgangspunktes der Verjährung der Ansprüche des Inhabers und der Indossanten[212]. Er wird blankettartig formuliert: Der Beginn der Verjährung ist neben der *Zahlung* noch der Tag, an dem der Wechsel dem Indossanten gegenüber *gerichtlich geltend* gemacht worden ist. Damit werden hierzulande z. B. sowohl der in der WO. (Art. 79/2) erwähnte Fall der *Klagebehändigung*, als die in anderen Bestimmungen der Klagszustellung gleichgestellten Fälle der *Erhebung des Anspruches* in der mündlichen Streitverhandlung durch Geltendmachung einer Gegenforderung zur Aufrechnung (§ 209, Z. 3 BGB., § 232 öst. ZPO. in Verb. mit Art. XLV Einf. Ges. z. ZPO.) getroffen[213]. (Anmeldung im Konkurs und Nichtbestreitung, aber nicht Anmeldung im Vergl.- [Ausgleichs-] Verfahren [arg. § 9 österr. Ausgl. O.] sind nur Gründe der Unterbrechung der Verj.). Wieder wird hier die Einheit des materiellen Rechtes gefährdet; denn ob z. B. die Erhebung der Kompensationseinrede eine „gerichtliche Geltendmachung“ ist,

---

[211] *Lenhoff*, Sp. XIX.

[212] *Denkschrift*, 100.

[213] So *Sperl*, Lehrb. d. bürgerl. Rechtspflege, I/2, 321, *Pollak*, System ö. ZPO., 2. Aufl., I, 21, 385, 391, dort S. 22, Anm. 63, Literatur, anders zum Teil (vgl. z. B. OGH., 24. Juli 1908, Amtl. Slg. 10) die Praxis.

wird sich nach der Stellung der einzelnen Rechtsordnung hiezu bestimmen (Qualifikationsproblem). Nun wird auch die Festsetzung der Voraussetzungen der Anerkennung der von den nationalen Rechtsordnungen verfügten Unterbrechungsgründe den einzelnen Rechtsordnungen in der Res. Art. 17 freigestellt. Der eine Staat kann die Geltendmachung durch Einrede der Aufrechnung schon als Unterbrechungsgrund werten, der andere, z. B. wie das franz. Recht nicht. Die Folgen sind nicht erwünschte, da dadurch der Regreßanspruch gegen einen Vormann schon verjährt sein kann, bevor noch der Nachmann in der Lage ist, Regreß zu nehmen. Neu ist die einheitliche Festsetzung der Verjährungsfrist mit 1 Jahr für den Inhaber gegen die Indossanten und mit 6 Monaten für die Indossanten gegen die Vormänner und den Aussteller (Art. 70)[214]), während die WO. je nach dem, in welcher geographischen Zone der Wechsel zahlbar war, Fristen von 3, 6 und 18 Monaten festsetzt. Geblieben ist aber die Seltsamkeit, daß die Verjährung gegen einen Indossanten beginnt (Klagserhebung), bevor er noch den Regreßanspruch erworben hat; aber ob die Streitverkündung, die ihm deshalb z. B. nach österr. (§ 8 EG.) deutschem, Schweizer, tschechosl. Recht usw. zur Verfügung steht, ihm den Regreßanspruch erhält, richtet sich darnach, ob sein Regreßschuldner in einem der erwähnten Länder die Wechselerklärung abgegeben hat. Hat der Verpflichtete in einem Lande unterschrieben, wo die Streitverkündung nicht Unterbrechungswirkung hat, z. B. in Norwegen, oder unbekannt ist, wie in Schweden, so geht der Anspruch gegen ihn unter. Auch die Frage, welche Bedeutung die Verjährung an sich hat, wird das Landesrecht entscheiden, da die Frage, ob die Verjährung der Verpflichtung ein Ende macht oder nur der Haftung, also ob sie Präklusivwirkung hat oder nur eine Einwendung erzeugt, zu den Wirkungen der Verpflichtung gehört[215]). Das franz. WR. zwingt den Wechselinhaber und jeden Regredienten innerhalb von 15 Tagen nach Protesterhebung oder bei Remboursregreß nach Klagezustellung oder Zahlung, die Regreßklage zu erheben (Ausschlußfrist, vgl. cod. comm. Art. 165). Das EWR. folgt auch hierin der WO., daß es solche Ausschluß-

[214]) So schon poln. WR., Art. 70/2, jugosl. WG., § 78/2 und 3 nach Haager Vorbild.

[215]) Das ung. WR. (§ 88) und das tschechosl. WR. (§ 85) läßt z. B. bei Prüfung der Erlassung eines Zahlungsauftrages das Gericht die Verjährung von Amts wegen beachten.

fristen für die Regreßnahme nicht festsetzt. Aber das IWR. verfügt im Art. 5, daß entgegen dem Grundsatz, die Voraussetzung der Haftung (Wirkung der Erklärung) nach dem Rechte des Ortes, an dem die einzelnen Erklärungen ausgestellt worden sind, entscheiden zu lassen (wonach also die im einzelnen Landesrecht festgesetzte Ausschlußfrist maßgebend wäre), für die Fragen, ob und welche Fristen zum Rückgriff einzuhalten sind, gegenüber allen Wechselverpflichteten maßgebend bleiben soll, was darüber das Recht des Ausstellungsortes des Wechsels festsetzt. Damit wird vermieden, daß ein Regreßschuldner zu einer Zeit noch haftbar gemacht werden kann, wo sein Anspruch gegen die Vormänner bereits präkludiert wäre. Da aber das EWG. keine solchen Ausschlußfristen kennt, kann diese Bestimmung nur dort Anwendung finden, wo das EWG. nicht maßgebend ist.

VI. Das internationale Wechselrecht

Auf viele Bestimmungen des zweiten Genfer Übereinkommens über das internationale Wechselprivatrecht wurde schon im Verlaufe dieser Darstellung mehrfach hingewiesen. Trotz Schaffung eines einheitlichen WR. ist die Bildung einheitlicher Kollisionsnormen nicht nur deshalb notwendig, weil das EWG. doch viele Voraussetzungen gar nicht regelt (z. B. Wechselfähigkeit), sondern auch deshalb, weil doch auch Skripturakte oft in Ländern vollzogen werden, die nicht der Konvention unterworfen sind[216]) und endlich weil doch die Vertragsteile des einen und des anderen Übereinkommens nicht immer dieselben sein müssen. Das Abkommen über das IWR. verpflichtet, seinen Inhalt, d. i. das Kollisionsrecht „anzuwenden". Das Deutsche Reich und Österreich haben aber in ihren Wechselgesetzentwürfen (öst. WG., Art. 91 f.) eigene Bestimmungen über den „Geltungsbereich der Gesetze" vorgesehen; diese Bestimmungen kommen daher im Staat zur Anwendung, auch wenn das EWG. (Vertrag) gar nicht anwendbar wäre. Damit gehen diese Staaten über die Pflicht, die ihnen der Vertrag über das IWR. auferlegt, hinaus,

[216]) Allerdings enthält das IWR. im Art. 10 den Vorbehalt zugunsten jedes Staates, die Grundsätze des IWR. nicht zur Anwendung zu bringen, soweit solche Verpflichtungen in Frage kommen, die außerhalb des Gebietes der Vertragsteile eingegangen worden sind oder soweit ein Recht anzuwenden wäre, das nicht Recht eines Vertragsstaates wäre. Aber von diesem Vorbehalte wird kaum Gebrauch gemacht werden: Strobele 97 und Begr. des Entw., S. 27.

vermeiden aber, daß im selben Bereich verschiedene Grundsätze auf dem Gebiete des intern. Wechselprivatrechtes herrschen. Im einzelnen gilt nun folgendes:

1. Die passive Wechselgeschäftsfähigkeit einer physischen oder juristischen Person, d. i. wie schon nach geltendem Rechte (arg. Art. 84 WO. „Verpflichtungen zu übernehmen") die Fähigkeit, durch eigene Handlungen Verpflichtungen zu übernehmen, — dem franz. WR. ist ein besonderer Begriff der WF. unbekannt, den Begriff erwähnt Art. 2 IWR., sowie Art. 7 EWG., aber weder das IWR. noch das EWG. gibt dem Begriff einen Inhalt —, bestimmt sich, wie schon jetzt[217]) nach dem Heimatrecht, lex patriae (Art. 2/1, erster Satz EWG.). Enthält dieses besondere Bestimmungen über die Wechselfähigkeit, so sind diese anzuwenden[218]). Von diesem Grundsatz macht das IWR. zwei Ausnahmen[219]). Die eine ist schon dem geltenden WR. bekannt und nun verallgemeinert[220]): Wenn nach der lex loci actus der ihr an sich nicht unterstehende Schuldner wechselfähig ist, die Wechselerklärung also in einem Lande — das kann auch nur ein Staatsteil sein (Bericht Nr. 187) — abgegeben wird, nach dessen Recht der Erklärende passiv wechselfähig ist (Art. 2/2 EWG.), so ist dieses maßgebend. An Stelle der lex patriae tritt weiters eine andere Rechtsordnung, wo auf diese von der lex patriae weiter verwiesen wird („renvoi"). Es wird damit nur auf die Sachnorm „verwiesen", nur diese ist „anzuwenden", so daß damit die in einer Gesamtverweisung liegende Gefahr einer nie endenden „Lawn-tennispartie" des IWR. — wie das „Spiegelkabinett" von Diena genannt wurde — vermieden wird[221]). Das geltende Recht läßt die erste Ausnahme freilich nur zu Lasten eines Ausländers zu, um die nach inländischem Recht gültige Verpflichtung aufrecht zu

---

[217]) Art. 84, 1. Satz WO. Der deutsche Entwurf und das österr. WG. enthalten keine Bestimmungen über die Wechselfähigkeit, da die in den Zivilgesetzbüchern geregelte volle Handlungsfähigkeit auch die Fähigkeit Wechselverbindlichkeiten einzugehen, ohne jeden Unterschied mitumfaßt. Das entspricht der Auffassung, zu der die Jud. gekommen ist. Begründung öst. Entw., S. 28.

[218]) Frankenstein, Intern. PR., II, 614.

[219]) Quassowski, 789.

[220]) Art. 84, Satz 2; dann Haager EWG., Art. 74/2; poln. WR., Art. 80, jugosl. WR. § 94, dazu Beith, Rechtsv. Hdwb. IV. 492.

[221]) C. R. 347. So wird es möglich sein, daß die lex domicilii oder loci actus auch unabhängig vom ersten Ausnahmsfall angewendet werden muß (Diena, a. a. O.).

erhalten (ebenso Art. 7/3 EG. z. BGB.). Wenn ein Deutscher oder Österreicher, der 19 Jahre alt ist, in Rußland[222]), nach dessen Recht[223]) die Vollendung des 18. Jahres schon die Geschäftsfähigkeit und damit auch die Wechselgeschäftsfähigkeit begründet, einen Wechsel unterschreibt, so ist seine Erklärung gleichwohl nach der WO. ungültig (Art. 84 „Ausländer" und „im Inlande"). Das könnte sich nun zugunsten der Aufrechterhaltung der Wechselverpflichtung ändern; also sogar dann, wenn die Unterschrift von einem Inländer abgegeben, dann allerdings nur, so im Ausland unterschrieben worden wäre. Das IWR. selbst macht da keinen Unterschied mehr. Dem Schutz der Pflegebefohlenen wird nur insofern Rechnung getragen, als ihr Heimatstaat ihre Wechselerklärungen, die nur infolge der Anwendung einer anderen Rechtsordnung als der lex patriae — also infolge Anwendung der Ausnahmsbestimmungen — im Auslande gültige Wechselverpflichtung wären, als nichtig behandeln kann (Art. 2/3 IWG.). Damit wird dem nationalen Recht überlassen, seinen Bestimmungen über die Geschäftsfähigkeit der eigenen Staatsbürger größere Kraft als dem Grundsatz des IWR. zu geben. Das kommt schon in dem deutschen Entw. und im österr. WG. (Art. 91/2) zum Ausdruck. Das Haager Übereinkommen ging nicht so weit, ebensowenig manche neueren nationalen Wechselgesetze[224]). Allerdings sind dadurch andere Staaten nicht gehindert, die Wechselerklärung dieses nur in seiner Heimat Geschützten dennoch als gültig zu betrachten[225]).

Die in dem heimatstaatlichen Recht durch den oben erörterten „renvoi" begründete Ausnahme von der Anwendung der lex patriae macht den besprochenen Schutz der eigenen Angehörigen hinfällig. Wo das Heimatrecht seine Anwendung überhaupt verneint, schließt es damit auch die Anwendung der Ausnahmsbestimmungen zum Schutz seiner Pflegebefohlenen aus. Wo also nach IWR. infolge „renvoi", den schon das Einf. Ges. z. BGB. Art. 7, 27[226]) kennt — er ist auch sonst auf dem Boden der WO.

[222]) Als Beispiel sei das Recht der sog. Föderativen Russ. Sowjetrep. (RSFSR.) als einer der Gliedstaaten der Union herangezogen.

[223]) §§ 4, 7 des Zivilcod. der RSFSR.

[224]) Polen u. Jugoslawien z. B.: Laufke, 346. Das Haager Abk. ließ nur eine Reserve (Art. 18) zu.

[225]) Bericht Nr. 192.

[226]) Frankenstein, 417, Strobele, 90.

anerkannt —, nicht das Heimatrecht anwendbar ist, dort auch nicht, wo es sich um Pflegebefohlene handelt. Es wird aber auch kein Vorbehalt zugunsten der Aufrechterhaltung der Wechselverpflichtung im JWR. gemacht, falls sie bei Anwendung des Heimatrechtes gültig wäre. Akzeptiert also ein 20jähriger Russe, der in Berlin lebt, in Wien einen Wechsel, so ist das Akzept ungültig. Nach russ. Recht wäre es gültig, dieses verweist aber auf die lex domicilii und nach deutschem Rechte (§ 2 BGB.) tritt die Wechselfähigkeit erst mit Vollendung des 21. Jahres ein. Daß hier nicht etwa kraft der Kollisionsnorm des deutschen Rechtes (Art. 7 EG. z. BGB.) Weiterverweisung anzunehmen und russ. Recht heranzuziehen ist, wurde schon erörtert. Soweit die lex loci actus Wechselfähigkeit ausspricht, wird die schon besprochene Ausnahme vom Nationalitätsgrundsatz, die „in favorem cambii" das Territorialprinzip über die Gültigkeit des Skripturaktes des Ausländers (lex loci contractus) entscheiden läßt (Art. 2, Abs. 2 JWR.), zum Triumph der Norm des Ortes der Wechselerklärung über die Norm, auf die „verwiesen" wird, führen.

Nicht klar geregelt ist die Kollision, soweit juristische Personen und Apoliden in Frage kommen (obwohl viel darüber diskutiert worden ist[227]). Auch hier kann man deutlich erkennen, daß auch „einheitliche" Gesetze in den verschiedenen Staaten ganz verschiedene Ergebnisse ihrer Anwendung haben werden. Die nationale Rechtsprechung jedes Vertragsstaates wird ihre eigene Ansicht darüber, ob eine Aktiengesellschaft eine „Nationalität" hat und, falls dem so wäre, wonach sich diese bestimme (Gründungsakt, Sitz im juristischen Sinn, Verwaltungsort usw.), entwickeln. Da Abs. 2 des Art. 2 zugunsten der Wechselverpflichtung die lex loci actus sogar gegenüber der lex patriae bevorzugt, so wird sich die Fähigkeit eines Apoliden zu einer Wechselverpflichtung nach jenem Grundsatz ebenfalls prüfen lassen[228]).

2. Die Form der Wechselerklärungen: Hier ist an dem Grundsatz, daß die Form sich nach dem Rechte des Landes, auf dessen Gebiet „erklärt" worden ist, richtet, nichts geändert worden. Die Form des Grundwechsels

[227]) C. R., 348, 349.

[228]) Vgl. auch Bericht Nr. 190. Die deutsche Delegation hatte einen besonderen Antrag gestellt, daß das Recht des Staates der Erklärung auch über die Wechselfähigkeit der Apoliden entscheiden soll. Der Antrag wurde abgelehnt. C. R., 350.

richtet sich also nach dem Recht des Ausstellungsortes. Große Bedeutung hat das Problem nicht mehr, da gerade die Formerfordernisse den Gegenstand der Vereinheitlichung des WR. bilden und gegenüber Nichtvertragsstaaten der Grundsatz der Anwendung der lex loci actus in allen Staaten befolgt wird. Wie schon die WO., kennt auch das IWR., wieder im Interesse der Aufrechterhaltung der Wechselverpflichtung, auch hier zwei Ausnahmen von dem Grundsatz. Die eine, die aber nur Geltung in dem Staatsgebiet erlangt, in dem sie normiert wird (Art. 3/3 IWG.), gewährt in favorem negotii der im Auslande abgegebenen formungültigen Wechselerklärung eines Staatsangehörigen, wenn sie den Formerfordernissen des eigenen Rechtes entspricht, Wechselkraft, aber nur zugunsten eines Staatsangehörigen. Nach dem IWR. (öst. WG., Art. 92/2) ist es also belanglos, ob der so begünstigte inländische Wechselgläubiger im Auslande oder im Inlande den Wechsel genommen hat (Art. 3/3): ein Unterschied zu Art. 85, Satz 3 WO. Die zweite Ausnahme entspringt dem im Interesse der Umlaufsfähigkeit aufgestellten, die Sicherheit des Wechselverkehrs fördernden Grundsatz der formalen Selbständigkeit der Wechselerklärungen und ist im Kern auch schon in der WO. hervorgehoben. Schon Art. 7 EWG. verfügt ja (viel genauer als Art. 3 WO.), daß die Gültigkeit der Erklärungen dadurch nicht berührt wird, daß andere Unterschriften aus irgend welchem Grunde, also auch nur wegen des Mangels eines Formerfordernisses z. B., keine Wechselkraft haben. Immer ist aber dabei wenigstens der äußere Schein eines Grundwechsels vorausgesetzt. Darüber geht auch Art. 3/2 IWR. nicht hinaus. Die durch Fehlen eines Erfordernisses hervorgerufene Ungültigkeit des Grundwechsels selbst steht auch der Gültigkeit der später in einem Lande, das dieses Erfordernis nicht aufstellt, abgegebenen Wechselerklärung im Wege[229]). Ist aber nach dem Rechte des Landes, in dessen Gebiet eine Erklärung auf einem formgültigen Wechsel abgegeben ist — belanglos, ob es sich dabei um Inland oder Ausland handelt, was also den Gedanken des Art. 85/2 WO. („im Ausland") erweitert — die Erklärung wegen eines Formmangels un-

[229]) Wie (oben III, 1) ausgeführt, will Ref. Art. 1 für kurze Zeit (1/2 Jahr) in den Ländern, die die Wechselklausel nicht als Erfordernis aufstellen, z. B. Frankreich, von diesem Erfordernis Abstand nehmen lassen. Würde ein solches Papier aber im Deutschen Reich, auf das sich also diese Reserve nicht erstreckt, ausgestellt, so würde auch das in Frankreich später darauf gesetzte Giro keine Wechselkraft haben.

gültig, so haben spätere Skripturakte, die formgültig in einem Lande abgegeben worden sind, nach dessen Recht auch jene Erklärung gültig wäre, Wechselkraft. Wieder ist es nach dem IWR. im Gegensatz zur WO. belanglos, ob die späteren Erklärungen im Inland oder Ausland gesetzt worden sind. Würde z. B. eine Wechselerklärung im Deutschen Reiche auf eine nicht als „Wechsel" bezeichnete Urkunde (Reserve Art. 1) gesetzt, so ist zwar diese Erklärung als Wechselbürgschaft ungültig, aber das in Frankreich — angenommen daß vom Vorbehalt Art. 1 dort Gebrauch gemacht wird — vom Remittenten auf den Wechsel gesetzte Giro wird jetzt nach Art. 3/2 IWR. verbindlich sein, auch wenn der Wechsel dann nach Österreich weiter indossiert wird, während ihm nach Art. 85 WO. die Wechselkraft mangeln würde[230]). Deutlich wird aber im IWG. zum Ausdruck gebracht, daß maßgebend der Ort ist, wo die Erklärung wirklich abgegeben worden ist, nicht der im Datum nur vorgegebene Ort. Darüber unten 3[231]). Daß das Recht des Landes, in dessen Gebiet Proteste zu erheben oder die zur Erhaltung des WR. oder zu seiner Ausübung erforderlichen Handlungen vorzunehmen sind, die Form dieser Handlungen bestimmt, setzt in Übereinstimmung mit Art. 86 WO. nun Art. 8 IWR. fest. Neu ist nur die dem Haager EWG. entlehnte Bestimmung, daß das Recht des Protestortes auch für die Protestfristen maßgebend ist (Art. 8 IWR.).

3. Kollisionsnormen über die Bedeutung (Wirkungen) der wechselrechtlichen Erklärungen: Sie kennt die WO. so wenig, wie das Haager EWR., Bestimmungen darüber sind sehr wichtig. Die Voraussetzungen der Entstehung der Verpflichtung, ihre Dauer (Verjährung), ihr Umfang (Zinsenhöhe, Provisionspflicht usw.) sind im EWR. nicht einheitlich, wie gezeigt, geregelt. Gerade die Regelung der Wirkungen ist in den Reserven dem Landesrechte vielfach überantwortet[232]). Es können sich

---

[230]) Das Haager WR. hatte darüber keine Bestimmung, sie wurde über Vorschlag der Völkerbundexperten eingefügt, während die Aufnahme der früher erwähnten Ausnahmsbestimmung, die dem Art. 85/3 entspricht, auf eine skandinav. Anregung zurückgeht, die auch Hupka, 25 befürwortet hat.

[231]) C. R., 352 f.: Der deutsche Antrag, den im Wechsel angegebenen Ort als den der Erklärung zu betrachten, wurde abgelehnt.

[232]) Z. B. Art. 7 Res. Effektivvermerk; Art. 13 Regreßzinsen;

schon deshalb Konflikte ergeben[233]); nun, welche Rechtsordnung Bedeutung und Wirkung der Wechselerklärung bestimmt, wird insbesondere dort wichtig, wo die Erklärungen in Staaten, die dem EWG. nicht unterstehen, abgegeben sind. Dankenswerter Weise werden nun, obwohl sich bei der Beratung Stimmen erhoben, die diese Bestimmungen streichen wollten, darüber im IWG. Kollisionsnormen gegeben. Auf welcher Grundlage? Drei grundsätzliche Richtungen stehen sich da gegenüber, wobei innerhalb einer Richtung wieder im einzelnen die Ansichten auseinandergehen, aber darin, daß für alle Verpflichtungen nicht dieselbe Anknüpfungstatsache maßgebend sein kann, übereinstimmen. Die Anknüpfung an den Ort der einzelnen Erklärungen (lex loci actus) entspricht der franz. Auffassung; aber auch auf dem Boden der WO. ließen viele den Grundsatz der lex loci actus nicht nur über die Form, sondern auch über die Wirkung der Wechselerklärungen entscheiden[234]). Darnach würde also das Recht des Landes, in dem die Erklärung abgegeben, d. h. unterschrieben worden ist, ihre rechtliche Bedeutung und Wirkung im Konfliktsfalle bestimmen. Diesen Grundsatz nimmt das IWR., entgegen dem Vorschlag der Experten, welche die Schaffung von Kollisionsnormen auf diesem Gebiete überhaupt anregten, aber den Anknüpfungspunkt im Wohnsitz des Verpflichteten (lex domicilii) sahen[235]), für die Regreßverpflichtungen an (Art. 4/2). Aber damit würde das Qualifikationsproblem in aller Schärfe sich glatten Lösungen entgegenstellen, weil die einzelnen Rechtsordnungen wie jedem Rechtsbegriff auch dem Domizilbegriff einen verschiedenen

---

Art. 14 Provision; Art. 15 Bereicherungsanspruch; Art. 16 Deckungspflicht des Ausstellers und Rechte des Nehmers an gewissen Forderungen des Ausstellers gegen den Bezogenen; Art. 17 Unterbrechung und Hemmung der Verjährung. Eine Ausnahme von diesem Grundsatz gilt für die Protestfrist (Ref. Art. 9): Oben 2 und Veith 501.

[233]) C. R., Ausführungen Percerous, S. 359.

[234]) ROHG. 1, 288, RGZ. 9, 438, Lauffe, 347. Neuestens Raiser, die Wirkung der Wechselerklärungen im intern. PR. Auch Grundsatz des poln. Ges. über das intern. PR., 2. August 1926. Art. 8, Z. 1.

[235]) Dies geht auf Beschlüsse des Institut de Droit International auf der Tagung in Florenz zurück (1908), zunächst das Recht des im Wechsel angegebenen Ortes der Erklärung (lex loci actus), bei Fehlen einer besonderen Angabe aber das Recht des Domiziles entscheiden lassen (Art. 2, i).

Inhalt geben[236]); überdies ist ja der Wohnsitz nicht immer wechselmäßig ersichtlich. Wesentlich hat nun da die deutsche Anschauung eingewirkt. Die deutsche Rechtslehre und Übung nimmt bis nun an, daß sich die Wirkung des Skripturaktes zunächst nach der Rechtsordnung ergebe, der sich der Erklärende ausdrücklich oder stillschweigend unterwerfen wollte, im Zweifel darüber nach dem Rechte des Erfüllungsortes[237]). Der Erfüllungsort ist begrifflich für den Prinzipalschuldner ein anderer als für den Regreßschuldner. Für jenen ist es der Zahlungsort (Art. 1, Z. 5 EWG.), der allerdings im Zweifel ein im Wechsel angegebener Wohnort (Art. 2) sein wird, für diese ist es ihr Wohnort, so daß diese Ansicht wieder in die hauptsächlich von der italien. Schule propagierte Idee der Anknüpfung an das Wohnortsstatut mündet. Das IWR. gliedert, offenbar um jeden Zweifel auszuschalten, das Gebiet seiner besprochenen Grundsätze nach Einzelbestimmungen: Da das Zahlungsortsstatut auch für den Umfang der Verpflichtung des Akzeptanten maßgebend ist, ist es nur eine selbstverständliche Folge, daß es auch bestimmt, ob die Annahme eines gezogenen Wechsels auf einen Teil der Summe beschränkt werden kann und ob der Inhaber verpflichtet ist, eine Teilzahlung anzunehmen (Art. 7/1). Die Wirkung der Verpflichtung des Ausstellers einer Tratte richtet sich, wie gezeigt, nach dem Rechte des Ausstellungsortes. Die Res. des Art. 16 überläßt der Landesgesetzgebung, zu bestimmen, ob der Aussteller verpflichtet ist, für Deckung zu sorgen und ob der Inhaber besondere Rechte darauf hat; nach franz. Recht bezeichnet die „provision“ auch die Forderung aus dem der Wechselbegebung zugrunde liegenden Rechtsverhältnis, aus dem Grundgeschäft. Dieser Anspruch geht bei der gewöhnlichen Tratte auch auf den Inhaber über; er wird daher im Konkurse des

[236]) Ist die Anknüpfungsbeziehung, also „Wohnsitz“, „Erfüllungsort“ usw. nach der anzuwendenden Rechtsordnung („Substitutionsnormen“) zu beurteilen? Darüber sehr instruktiv Rabel, Zeitschr. f. ausl. und intern. PR., V, 241, insbes. 245, „Das Problem der Qualifikation“. Vgl. auch Frankenstein, Intern. Privatr., I, 277.

[237]) Vgl. C. R., 356 (Ausführungen Ullmanns); Nußbaum IPR. 322, Staub-Stranz, Art. 86, Anm. 7, Michaelis 398, Entsch. d. deutschen R. OGH., 1. Februar 1876, Bd. 19, S. 202, Rg. 26. Juni 1923, Bd. 107, 46. Frankenstein, II, 432, bemerkt: „Das deutsche Recht weicht hier von den meisten anderen Rechten ab.“ Das trifft aber nicht zu. Der „primafacie“-Tatbestand ist doch der, daß der Zeichner an seinem Wohnort fertigt.

Ausstellers aus der Masse ausgesondert (oben II—D—a). Daher wurde der Anknüpfungspunkt in dem Ausstellungsort gesehen (während der Expertenentwurf an den Zahlungsort anknüpfte). Jetzt bestimmt also Art. 6 IWR., daß das Recht des Ausstellungsortes entscheidet, ob der Inhaber der Tratte diesen Anspruch aus dem Grundgeschäft erwirbt. Die Verpflichtung des Ausstellers aus dem der Begebung zugrunde liegenden Geschäft kann aber nichtsdestoweniger einem andern Rechte unterworfen sein, als seine Wechselverpflichtung. Die Wirkung dieser bestimmt sich nach dem Recht des Ausstellungsortes (Art. 4/2 IWG.), die jener nach dem Vertragsstatut, das an den Abschlußort (§§ 36, 37 abGB.) oder wie nach herrschender deutscher Übung[238]) an den Erfüllungsort, der nicht immer der Wohnsitz des Schuldners (Ausstellungsort) sein muß, geknüpft wird. Das IWR. hat zwar die Anknüpfung an das Zahlungsortsstatut im Anschluß an die deutsche Lehre dort vorgenommen, wo es sich um die Verpflichtung des Akzeptanten (Ausstellers des eigenen Wechsels) handelt (Art. 4/1). Der beim Bezogenen-Akzeptanten angegebene Wohnort bestimmt aber nur dann, wenn er, mangels Festsetzung eines besonderen Zahlungsortes im Wechsel, als Zahlungsort gilt (z. B. Art. 2 EWG.), das für die Wirkung der Annahme entscheidende Recht. Daraus ist zu schließen, daß, entgegen der deutschen Anschauung über die WO., dem Willen der Parteien nur dort, wo ihm nach dem EWG. Bedeutung beigemessen wird — wie im gegebenen Beispiel —, Einfluß auf die Wahl des anzuwendenden Rechtes eingeräumt ist. Wird als Ort der Erklärung des Indossanten Paris angeführt, während der auf Dollar lautende Wechsel in Wirklichkeit in Berlin indossiert worden ist, so werden die Bestimmungen der deutschen Devisenordnungen für die Frage, welchen Einfluß der Effektivvermerk hat, von Einfluß sein. Es ist damit wohl außer Zweifel gestellt, daß nicht der fälschlich angegebene, sondern der wirkliche Ausstellungsort maßgebend ist. Damit wird eine von der deutschen, Schweizer und österr. Judikatur für die WO. vertretene Ansicht[239]) nun offenbar verlassen[240]). Wie steht es aber gegen-

---

[238]) Dazu insbes. Nußbaum 219, Lewald IPR. 225, Gutzwiller, Intern. PR., S. 1619 und die dort besprochene Praxis des Rg., Walker Intern. PR. ^{4}, 340 f.

[239]) Raiser, S. 16 bis 24, 43 f., Nußbaum 323, Beith 509, Michaelis 398, Frankenstein II, 427, Rg., 20. November

über dem gutgläubigen Erwerber, der im Vertrauen darauf, daß z. B. der Wechsel in Paris, das als Ausstellungsort angeführt ist, auch wirklich ausgestellt ist, den Wechsel genommen hat und nun den Anspruch auf die beim Bezogenen befindliche Deckung im Konkurs z. B. geltend machen will? Kann ihm eingewendet werden, daß in Wirklichkeit der Wechsel in Baden-Baden ausgestellt worden ist? Das würde mit einem der wichtigsten Grundsätze des WR. in Widerspruch stehen, nämlich mit dem, daß das berechtigte Vertrauen des Erwerbers zu dem Urkundeninhalt geschützt werden muß, weshalb Einreden, die nicht aus dem Papier hervorgehen, ihm gegenüber versagt bleiben. Wollte man für die Beurteilung der Wirkung einer Erklärung diesen Grundsatz durchbrechen, so hätte das zum Ausdruck kommen müssen[241]).

Der Grundsatz, daß das Recht des Ortes der Erklärung maßgebend bleibt, ist allerdings der primäre. Auch für die Verpflichtung des Avalisten und Ehrenakzeptanten entscheidet das Recht, das am Orte ihrer Erklärungen gilt und nicht jenes, das für die Verpflichtung des Hauptschuldners oder Honoraten maßgebend ist[242]).

1917, RGZ., Bd. 91, 130; österr. OGH., 6. Oktober 1905, Slg. Czelechowsky Nr. 880, OLG. Wien, 25. August 1930, Rechtspr. 1930, Nr. 359, anders Staub-Stranz, Art. 85, Anm. 3, Bernstein, 354, Bettelheim, intern. WR., 109.

[240]) Bei der Beratung hat die deutsche Delegation den Vorschlag gemacht, den im Wechsel angegebenen Erklärungsort entscheiden zu lassen; das wurde mit 13 zu 10 Stimmen abgelehnt. C. R., 355.

[241]) Raiser, 57.

[242]) Grünhut II, 579, Veith 520. Anders Expertenentw.; aber trotz aller Bemühungen der deutschen Experten wurde die al. 2 des deutschen Amendements, das für die Wechselerklärungen das Recht des Hauptschuldners oder Honoraten entscheiden ließ, schließlich fallengelassen. Die Prinzipienreinheit hat gesiegt.

Anhang

Gesetzestexte:

Vorbemerkung. Das Wechselgesetz und das Einführungsgesetz beruhen:

1. auf dem „Abkommen über das einheitliche Wechselgesetz" (EWG.), welches aus den Artikeln I bis XI besteht und als „Anlage I" das „Einheitliche Wechselgesetz", bestehend aus den Artikeln 1 bis 78, als „Anlage II" die „Reserven" der vertragschließenden Staaten in 23 Artikeln enthält;

2. auf dem „Abkommen über Bestimmungen auf dem Gebiete des internationalen Wechselprivatrechtes" (IWR.), bestehend aus den Artikeln 1 bis 20;

3. auf dem „Abkommen über das Verhältnis der Stempelgesetze zum Wechselrecht", bestehend aus 10 Artikeln.

Alle drei Staatsverträge sind durch einen einheitlichen Akt ratifiziert und unter BGBl. Nr. 289 im 75. Stück des Jahrganges 1932 kundgemacht worden.

Die Artikel 1 bis 78 des Wechselgesetzes entsprechen den Artikeln 1 bis 78 der „Anlage 1" des EWG., die Artikel 91 bis 98 den Artikeln 2 bis 9 des IWR. Einzelne Abweichungen der Fassung des Gesetzes vom Texte der Staatsverträge sind im Gesetzestexte mit *Kursivschrift* gekennzeichnet. Abweichungen vom Texte der Staatsverträge und Gesetzesstellen, welche diesen nicht entnommen sind, werden in den Anmerkungen auf die einschlägigen „Reserven" der Staatsverträge zurückgeführt. Die ganz wenigen Abweichungen des deutschen Entw. eines WG. (Reichstagsdrucksache V, 1930, Nr. 1441) — DEntw. — vom öst. WG. sind an den einzelnen Stellen des folgenden Textes in Anmerkungen wiedergegeben.

A

Bundesgesetz vom 18. August 1932, betreffend das Wechselrecht (Wechselgesetz)

BGBl. Nr. 290 aus 1932

Erster Teil

Gezogener Wechsel

Erster Abschnitt

Ausstellung und Form des gezogenen Wechsels

Artikel 1. Der gezogene Wechsel enthält:

1. die Bezeichnung als Wechsel im Texte der Urkunde, und zwar in der Sprache, in der sie ausgestellt ist;
2. die unbedingte Anweisung, eine bestimmte Geldsumme zu zahlen;
3. den Namen dessen, der zahlen soll (Bezogener);
4. die Angabe der Verfallzeit;
5. die Angabe des Zahlungsortes;
6. den Namen dessen, an den oder an dessen Order gezahlt werden soll;
7. die Angabe des Tages und des Ortes der Ausstellung;
8. die Unterschrift des Ausstellers.

Artikel 2. Eine Urkunde, der einer der im vorstehenden Artikel bezeichneten Bestandteile fehlt, gilt nicht als gezogener Wechsel, vorbehaltlich der in den folgenden Absätzen bezeichneten Fälle.

Ein Wechsel ohne Angabe der Verfallzeit gilt als Sichtwechsel.

Mangels einer besonderen Angabe gilt der bei dem Namen des Bezogenen angegebene Ort als Zahlungsort und zugleich als Wohnort des Bezogenen.

Ein Wechsel ohne Angabe des Ausstellungsortes gilt als ausgestellt an dem Orte, der bei dem Namen des Ausstellers angegeben ist.

Artikel 3. Der Wechsel kann an die eigene Order des Ausstellers lauten.

Er kann auf den Aussteller selbst gezogen werden.

Er kann für Rechnung eines Dritten gezogen werden.

Artikel 4. Der Wechsel kann bei einem Dritten, am Wohnorte des Bezogenen oder an einem anderen Orte, zahlbar gestellt werden.

Artikel 5. In einem Wechsel, der auf Sicht oder auf eine bestimmte Zeit nach Sicht lautet, kann der Aussteller bestimmen, daß die Wechselsumme zu verzinsen ist. Bei jedem andern Wechsel gilt der Zinsvermerk als nicht geschrieben.

Der Zinsfuß ist im Wechsel anzugeben; fehlt diese Angabe, so gilt der Zinsvermerk als nicht geschrieben.

Die Zinsen laufen vom Tage der Ausstellung des Wechsels, sofern nicht ein anderer Tag bestimmt ist.

Artikel 6. Ist die Wechselsumme in Buchstaben und in Ziffern angegeben, so gilt bei Abweichungen die in Buchstaben angegebene Summe.

Ist die Wechselsumme mehrmals in Buchstaben oder mehrmals in Ziffern angegeben, so gilt bei Abweichungen die geringste Summe.

Artikel 7. Trägt ein Wechsel Unterschriften von Personen, die eine Wechselverbindlichkeit nicht eingehen können, gefälschte Unterschriften, Unterschriften erdichteter Personen oder Unterschriften, die aus irgendeinem anderen Grunde für die Personen, die unterschrieben haben oder mit deren Namen unterschrieben worden ist, keine Verbindlichkeit begründen, so hat dies auf die Gültigkeit der übrigen Unterschriften keinen Einfluß.

Artikel 8. Wer auf einen Wechsel seine Unterschrift als Vertreter eines andern setzt, ohne hiezu ermächtigt zu sein, haftet selbst wechselmäßig und hat, wenn er den Wechsel einlöst, dieselben Rechte, die der angeblich Vertretene haben würde. Das gleiche gilt von einem Vertreter, der seine Vertretungsbefugnis überschritten hat.

Artikel 9. Der Aussteller haftet für die Annahme und die Zahlung des Wechsels.

Er kann die Haftung für die Annahme ausschließen; jeder Vermerk, durch den er die Haftung für die Zahlung ausschließt, gilt als nicht geschrieben.

Artikel 10. Wenn ein Wechsel, der bei der Begebung unvollständig war, den getroffenen Vereinbarungen zuwider ausgefüllt worden ist, so kann die Nichteinhaltung dieser Vereinbarungen dem Inhaber nicht entgegengesetzt werden, es sei denn, daß er den Wechsel in bösem Glauben erworben hat oder ihm beim Erwerb eine grobe Fahrlässigkeit zur Last fällt.

Zweiter Abschnitt

Indossament

Artikel 11. Jeder Wechsel kann durch Indossament übertragen werden, auch wenn er nicht ausdrücklich an Order lautet.

Hat der Aussteller in den Wechsel die Worte „nicht an Order" oder einen gleichbedeutenden Vermerk aufgenommen, so kann der Wechsel nur in der Form und mit den Wirkungen einer gewöhnlichen Abtretung übertragen werden.

Das Indossament kann auch auf den Bezogenen, gleichviel ob er den Wechsel angenommen hat oder nicht, auf den Aussteller oder auf jeden anderen Wechselverpflichteten lauten. Diese Personen können den Wechsel weiter indossieren.

Artikel 12. Das Indossament muß unbedingt sein. Bedingungen, von denen es abhängig gemacht wird, gelten als nicht geschrieben.

Ein Teilindossament ist nichtig.

Ein Indossament an den Inhaber gilt als Blankoindossament.

Artikel 13. Das Indossament muß auf den Wechsel oder auf ein mit dem Wechsel verbundenes Blatt (Anhang) gesetzt werden. Es muß von dem Indossanten unterschrieben werden.

Das Indossament braucht den Indossatar nicht zu bezeichnen und kann selbst in der bloßen Unterschrift des Indossanten bestehen (Blankoindossament). In diesem letzteren Falle muß das Indossament, um gültig zu sein, auf die Rückseite des Wechsels oder auf den Anhang gesetzt werden.

Artikel 14. Das Indossament überträgt alle Rechte aus dem Wechsel.

Ist es ein Blankoindossament, so kann der Inhaber

1. das Indossament mit seinem Namen oder mit dem Namen eines anderen ausfüllen;
2. den Wechsel durch ein Blankoindossament oder an eine bestimmte Person weiter indossieren;
3. den Wechsel weiter begeben, ohne das Blankoindossament auszufüllen und ohne ihn zu indossieren.

Artikel 15. Der Indossant haftet mangels eines entgegenstehenden Vermerks für die Annahme und die Zahlung.

Er kann untersagen, daß der Wechsel weiter indossiert wird; in diesem Falle haftet er denen nicht, an die der Wechsel weiter indossiert wird.

Artikel 16. Wer den Wechsel in Händen hat, gilt als rechtmäßiger Inhaber, sofern er sein Recht durch eine ununterbrochene Reihe von Indossamenten nachweist, und zwar auch dann, wenn das letzte ein Blankoindossament ist. Ausgestrichene Indossamente gelten hiebei als nicht geschrieben. Folgt auf ein Blankoindossament ein weiteres Indossament, so wird angenommen, daß der Aussteller dieses Indossaments den Wechsel durch das Blankoindossament erworben hat.

Ist der Wechsel einem früheren Inhaber irgendwie abhanden gekommen, so ist der neue Inhaber, der sein Recht nach den Vorschriften des vorstehenden Absatzes nachweist, zur Herausgabe des Wechsels nur verpflichtet, wenn er ihn in bösem Glauben erworben hat oder ihm beim Erwerb eine grobe Fahrlässigkeit zur Last fällt.

Artikel 17. Wer aus dem Wechsel in Anspruch genommen wird, kann dem Inhaber keine Einwendungen entgegensetzen, die sich auf seine unmittelbaren Beziehungen zu dem Aussteller oder zu einem früheren Inhaber gründen, es sei denn, daß der Inhaber bei dem Erwerb des Wechsels bewußt zum Nachteil des Schuldners gehandelt hat.

Artikel 18. Enthält das Indossament den Vermerk „Wert zur Einziehung", „zum Inkasso", „in Prokura" oder einen anderen nur eine Bevollmächtigung ausdrückenden Vermerk, so kann der Inhaber alle Rechte aus dem Wechsel geltend machen; aber er kann ihn nur durch ein weiteres Vollmachtsindossament übertragen.

Die Wechselverpflichteten können in diesem Falle dem Inhaber nur solche Einwendungen entgegensetzen, die ihnen gegen den Indossanten zustehen.

Die in dem Vollmachtsindossament enthaltene Vollmacht erlischt weder mit dem Tod noch mit dem Eintritt der Handlungsunfähigkeit des Vollmachtgebers.

Artikel 19. Enthält das Indossament den Vermerk „Wert zur Sicherheit“, „Wert zum Pfande“ oder einen anderen eine Verpfändung ausdrückenden Vermerk, so kann der Inhaber alle Rechte aus dem Wechsel geltend machen; ein von ihm ausgestelltes Indossament hat aber nur die Wirkung eines Vollmachtsindossaments.

Die Wechselverpflichteten können dem Inhaber keine Einwendungen entgegensetzen, die sich auf ihre unmittelbaren Beziehungen zu dem Indossanten gründen, es sei denn, daß der Inhaber bei dem Erwerb des Wechsels bewußt zum Nachteil des Schuldners gehandelt hat.

Artikel 20. Ein Indossament nach Verfall hat dieselben Wirkungen wie ein Indossament vor Verfall. Ist jedoch der Wechsel erst nach Erhebung des Protestes mangels Zahlung oder nach Ablauf der hiefür bestimmten Frist indossiert worden, so hat das Indossament nur die Wirkungen einer gewöhnlichen Abtretung.

Bis zum Beweis des Gegenteils wird vermutet, daß ein nicht datiertes Indossament vor Ablauf der für die Erhebung des Protestes bestimmten Frist auf den Wechsel gesetzt worden ist.

Dritter Abschnitt

Annahme

Artikel 21. Der Wechsel kann von dem Inhaber oder von jedem, der den Wechsel auch nur in Händen hat, bis zum Verfall dem Bezogenen an seinem Wohnorte zur Annahme vorgelegt werden.

Artikel 22. Der Aussteller kann in jedem Wechsel mit oder ohne Bestimmung einer Frist vorschreiben, daß der Wechsel zur Annahme vorgelegt werden muß.

Er kann im Wechsel die Vorlegung zur Annahme untersagen, wenn es sich nicht um einen Wechsel handelt, der bei einem Dritten oder an einem von dem Wohnort des Bezogenen verschiedenen Ort zahlbar ist oder der auf eine bestimmte Zeit nach Sicht lautet.

Er kann auch vorschreiben, daß der Wechsel nicht vor einem bestimmten Tage zur Annahme vorgelegt werden darf.

Jeder Indossant kann, wenn nicht der Aussteller die Vorlegung zur Annahme untersagt hat, mit oder ohne Bestimmung einer Frist vorschreiben, daß der Wechsel zur Annahme vorgelegt werden muß.

Artikel 23. Wechsel, die auf eine bestimmte Zeit nach Sicht lauten, müssen binnen einem Jahre nach dem Tage der Ausstellung zur Annahme vorgelegt werden.

Der Aussteller kann eine kürzere oder eine längere Frist bestimmen.

Die Indossanten können die Vorlegungsfristen abkürzen.

Artikel 24. Der Bezogene kann verlangen, daß ihm der Wechsel am Tage nach der ersten Vorlegung nochmals vorgelegt wird. Die Beteiligten können sich darauf, daß diesem Verlangen nicht entsprochen worden ist, nur berufen, wenn das Verlangen im Protest vermerkt ist.

Der Inhaber ist nicht verpflichtet, den zur Annahme vorgelegten Wechsel in der Hand des Bezogenen zu lassen.

Artikel 25. Die Annahmeerklärung wird auf den Wechsel gesetzt. Sie wird durch das Wort „angenommen" oder ein gleichbedeutendes Wort ausgedrückt; sie ist vom Bezogenen zu unterschreiben. Die bloße Unterschrift des Bezogenen auf der Vorderseite des Wechsels gilt als Annahme.

Lautet der Wechsel auf eine bestimmte Zeit nach Sicht oder ist er infolge eines besonderen Vermerks innerhalb einer bestimmten Frist zur Annahme vorzulegen, so muß die Annahmeerklärung den Tag bezeichnen, an dem sie erfolgt ist, sofern nicht der Inhaber die Angabe des Tages der Vorlegung verlangt. Ist kein Tag angegeben, so muß der Inhaber, um seine Rückgriffsrechte gegen die Indossanten und den Aussteller zu wahren, diese Unterlassung rechtzeitig durch einen Protest feststellen lassen.

Artikel 26. Die Annahme muß unbedingt sein; der Bezogene kann sie aber auf einen Teil der Wechselsumme beschränken.

Wenn die Annahmeerklärung irgendeine andere Abweichung von den Bestimmungen des Wechsels enthält, so gilt die Annahme als verweigert. Der Annehmende haftet jedoch nach dem Inhalte seiner Annahmeerklärung.

Artikel 27. Hat der Aussteller im Wechsel einen von dem Wohnorte des Bezogenen verschiedenen Zahlungsort angegeben, ohne einen Dritten zu bezeichnen, bei dem die Zahlung geleistet werden soll, so kann der Bezogene bei der Annahmeerklärung einen Dritten bezeichnen. Mangels einer solchen Bezeichnung wird angenommen, daß sich der Annehmer verpflichtet hat, selbst am Zahlungsorte zu zahlen.

Ist der Wechsel beim Bezogenen selbst zahlbar, so kann dieser in der Annahmeerklärung eine am Zahlungsorte befindliche Stelle bezeichnen, wo die Zahlung geleistet werden soll.

Artikel 28. Der Bezogene wird durch die Annahme verpflichtet, den Wechsel bei Verfall zu bezahlen.

Mangels Zahlung hat der Inhaber, auch wenn er der Aussteller ist, gegen den Annehmer einen unmittelbaren Anspruch aus dem Wechsel auf alles, was auf Grund der Artikel 48 und 49 gefordert werden kann.

Artikel 29. Hat der Bezogene die auf den Wechsel gesetzte Annahmeerklärung vor der Rückgabe des Wechsels gestrichen, so gilt die Annahme als verweigert. Bis zum Beweis des Gegenteils wird vermutet, daß die Streichung vor der Rückgabe des Wechsels erfolgt ist.

Hat der Bezogene jedoch dem Inhaber oder einer Person, deren Unterschrift sich auf dem Wechsel befindet, die Annahme schriftlich mitgeteilt, so haftet er diesen nach dem Inhalt seiner Annahmeerklärung.

Vierter Abschnitt

Wechselbürgschaft

Artikel 30. Die Zahlung der Wechselsumme kann ganz oder teilweise durch Wechselbürgschaft gesichert werden.

Diese Sicherheit kann von einem Dritten oder auch von einer Person geleistet werden, deren Unterschrift sich schon auf dem Wechsel befindet.

Artikel 31. Die Bürgschaftserklärung wird auf den Wechsel oder auf einen Anhang gesetzt.

Sie wird durch die Worte „als Bürge" oder einen gleichbedeutenden Vermerk ausgedrückt; sie ist von dem Wechselbürgern zu unterschreiben.

Die bloße Unterschrift auf der Vorderseite des Wechsels gilt als Bürgschaftserklärung, soweit es sich nicht um die Unterschrift des Bezogenen oder des Ausstellers handelt.

In der Erklärung ist anzugeben, für wen die Bürgschaft geleistet wird; mangels einer solchen Angabe gilt sie für den Aussteller.

Artikel 32. Der Wechselbürge haftet in der gleichen Weise wie derjenige, für den er sich verbürgt hat.

Seine Verpflichtungserklärung ist auch gültig, wenn die Verbindlichkeit, für die er sich verbürgt hat, aus einem anderen Grund als wegen eines Formfehlers nichtig ist.

Der Wechselbürge, der den Wechsel bezahlt, erwirbt die Rechte aus dem Wechsel gegen denjenigen, für den er sich verbürgt hat, und gegen alle, die diesem wechselmäßig haften.

Fünfter Abschnitt

Verfall

Artikel 33. Ein Wechsel kann gezogen werden

auf Sicht;
auf eine bestimmte Zeit nach Sicht;
auf eine bestimmte Zeit nach der Ausstellung;
auf einen bestimmten Tag.

Wechsel mit anderen oder mit mehreren aufeinanderfolgenden Verfallzeiten sind nichtig.

Artikel 34. Der Sichtwechsel ist bei der Vorlegung fällig. Er muß binnen einem Jahre nach der Ausstellung zur Zahlung vorgelegt werden. Der Aussteller kann eine kürzere oder eine längere Frist bestimmen. Die Indossanten können die Vorlegungsfristen abkürzen.

Der Aussteller kann vorschreiben, daß der Sichtwechsel nicht vor einem bestimmten Tage zur Zahlung vorgelegt werden darf. In diesem Fall beginnt die Vorlegungsfrist mit diesem Tage.

Artikel 35. Der Verfall eines Wechsels, der auf eine bestimmte Zeit nach Sicht lautet, richtet sich nach dem in der Annahmeerklärung angegebenen Tage oder nach dem Tage des Protestes.

Ist in der Annahmeerklärung ein Tag nicht angegeben und ein

Protest nicht erhoben worden, so gilt dem Annehmer gegenüber der Wechsel als am letzten Tage der für die Vorlegung zur Annahme vorgesehenen Frist angenommen.

Artikel 36. Ein Wechsel, der auf einen oder mehrere Monate nach der Ausstellung oder nach Sicht lautet, verfällt an dem entsprechenden Tage des Zahlungsmonats. Fehlt dieser Tag, so ist der Wechsel am letzten Tage des Monats fällig.

Lautet der Wechsel auf einen oder mehrere Monate und einen halben Monat nach der Ausstellung oder nach Sicht, so werden die ganzen Monate zuerst gezählt.

Ist als Verfallzeit der Anfang, die Mitte oder das Ende eines Monats angegeben, so ist darunter der erste, der fünfzehnte oder der letzte Tag des Monats zu verstehen.

Die Ausdrücke „acht Tage" oder „fünfzehn Tage" bedeuten nicht eine oder zwei Wochen, sondern volle acht oder fünfzehn Tage.

Der Ausdruck „halber Monat" bedeutet fünfzehn Tage.

Artikel 37. Ist ein Wechsel an einem bestimmten Tag an einem Orte zahlbar, dessen Kalender von dem des Ausstellungsortes abweicht, so ist für den Verfalltag der Kalender des Zahlungsortes maßgebend.

Ist ein zwischen zwei Orten mit verschiedenem Kalender gezogener Wechsel eine bestimmte Zeit nach der Ausstellung zahlbar, so wird der Tag der Ausstellung in den nach dem Kalender des Zahlungsortes entsprechenden Tag umgerechnet und hienach der Verfalltag ermittelt.

Auf die Berechnung der Fristen für die Vorlegung von Wechseln findet die Vorschrift des vorstehenden Absatzes entsprechende Anwendung.

Die Vorschriften dieses Artikels finden keine Anwendung, wenn sich aus einem Vermerk im Wechsel oder sonst aus dessen Inhalt ergibt, daß etwas anderes beabsichtigt war.

Sechster Abschnitt

Zahlung

Artikel 38. Der Inhaber eines Wechsels, der an einem bestimmten Tag oder bestimmte Zeit nach der Ausstellung oder nach Sicht zahlbar ist, hat den Wechsel am Zahlungstag oder an einem der beiden folgenden Werktage zur Zahlung vorzulegen.

Die Einlieferung in eine Abrechnungsstelle steht der Vorlegung zur Zahlung gleich.

*Durch Verordnung wird bestimmt, welche Einrichtungen als Abrechnungsstellen anzusehen sind und unter welchen Voraussetzungen die Einlieferung erfolgen kann**).

---

*) Entspricht der Reserve zum EWG. Anl. II, Art. 6. Der Absatz lautet in D. Entw.: Die Reichsregierung bestimmt mit Zustimmung des Reichsrats, welche Einrichtungen als Abrechnungsstellen anzusehen sind und unter welchen Voraussetzungen die Einlieferung erfolgen kann.

Artikel 39. Der Bezogene kann vom Inhaber gegen Zahlung die Aushändigung des quittierten Wechsels verlangen.

Der Inhaber darf eine Teilzahlung nicht zurückweisen.

Im Falle der Teilzahlung kann der Bezogene verlangen, daß sie auf dem Wechsel vermerkt und ihm eine Quittung erteilt wird.

Artikel 40. Der Inhaber des Wechsels ist nicht verpflichtet, die Zahlung vor Verfall anzunehmen.

Der Bezogene, der vor Verfall zahlt, handelt auf eigene Gefahr.

Wer bei Verfall zahlt, wird von seiner Verbindlichkeit befreit, wenn ihm nicht Arglist oder grobe Fahrlässigkeit zur Last fällt. Er ist verpflichtet, die Ordnungsmäßigkeit der Reihe der Indossamente, aber nicht die Unterschriften der Indossanten zu prüfen.

Artikel 41. Lautet der Wechsel auf eine Währung, die am Zahlungsorte nicht gilt, so kann die Wechselsumme in der Landeswährung nach dem Werte gezahlt werden, den sie am Verfalltage besitzt. Wenn der Schuldner die Zahlung verzögert, so kann der Inhaber wählen, ob die Wechselsumme nach dem Kurs des Verfalltages oder nach dem Kurs des Zahlungstages in die Landeswährung umgerechnet werden soll.

Der Wert der fremden Währung bestimmt sich nach den Handelsgebräuchen des Zahlungsortes. Der Aussteller kann jedoch im Wechsel für die zu zahlende Summe einen Umrechnungskurs bestimmen.

Die Vorschriften der beiden ersten Absätze finden keine Anwendung, wenn der Aussteller die Zahlung in einer bestimmten Währung vorgeschrieben hat (Effektivvermerk)*).

---

*) Die nachfolgende Stelle beruht auf der Reserve zum EWG. Anl. II, Art. 7:

IWR. **Article 7.** Chacune des Hautes Parties contractantes a la faculté de déroger si elle le juge nécessaire, en des circonstances exceptionelles ayant trait au cours du change de la monnaie de cet Etat, aux effets de la clause prévue à l'article 41 et relative au paiement effectif en une monnaie étrangère en ce qui concerne les lettres de change payables sur son territoire. La même règle peut être appliquée pour ce qui concerne la création des lettres de change en monnaies étrangères sur le territoire national.

Article 7. Each of the High Contracting Parties shall have the right, if it deems fit, in exceptional circumstances connected with the rate of exchange in such State, to derogate from the stipulation contained in Article 41 for effective payment in foreign currency as regards bills of exchange payable in its territory. The above rule may also be applied as regards the issue in the national territory of bills of exchange payable in foreign currencies.

Artikel 7. Jeder der Hohen Vertragschließenden Teile kann über die Wirkungen des im Artikel 41 des Einheitlichen Wechselgesetzes vorgesehenen Effektivvermerks für die auf seinem Gebiete zahlbaren Wechsel etwas anderes bestimmen, falls er dies

Lautet der Wechsel auf eine Geldsorte, die im Lande der Ausstellung dieselbe Bezeichnung, aber einen anderen Wert hat als in dem der Zahlung, so wird vermutet, daß die Geldsorte des Zahlungsortes gemeint ist.

Artikel 42. Wird der Wechsel nicht innerhalb der im Artikel 38 bestimmten Frist zur Zahlung vorgelegt, so kann der Schuldner die Wechselsumme bei der zuständigen Behörde auf Gefahr und Kosten des Inhabers hinterlegen.

Siebenter Abschnitt

Rückgriff mangels Annahme und mangels Zahlung

Artikel 43. Der Inhaber kann gegen die Indossanten, den Aussteller und die anderen Wechselverpflichteten bei Verfall des Wechsels Rückgriff nehmen, wenn der Wechsel nicht bezahlt worden ist.

Das gleiche Recht steht dem Inhaber schon vor Verfall zu,

1. wenn die Annahme ganz oder teilweise verweigert worden ist;

2. wenn über das Vermögen des Bezogenen, gleichviel ob er den Wechsel angenommen hat oder nicht, der Konkurs *oder das Ausgleichsverfahren (gerichtliches Vergleichsverfahren)* eröffnet *oder die Geschäftsaufsicht angeordnet**) worden ist oder wenn der Bezogene auch nur seine Zahlungen eingestellt hat oder wenn eine Zwangsvollstreckung in sein Vermögen fruchtlos verlaufen ist;

3. wenn über das Vermögen des Ausstellers eines Wechsels, dessen Vorlegung zur Annahme untersagt ist, der Konkurs *oder das Ausgleichsverfahren (gerichtliches Vergleichsverfahren)* eröffnet *oder über dessen Geschäftsführung die Aufsicht angeordnet**) worden ist.

Artikel 44. Die Verweigerung der Annahme oder der Zahlung muß durch eine öffentliche Urkunde (Protest mangels Annahme oder mangels Zahlung) festgestellt werden.

Der Protest mangels Annahme muß innerhalb der Frist erhoben werden, die für die Vorlegung zur Annahme gilt. Ist im Falle des Artikels 24, Absatz 1, der Wechsel am letzten Tage der Frist zum ersten Male vorgelegt worden, so kann der Protest noch am folgenden Tage erhoben werden.

Der Protest mangels Zahlung muß bei einem Wechsel, der an einem bestimmten Tag oder bestimmte Zeit nach der Ausstellung oder nach Sicht zahlbar ist, an einem der beiden auf den Zahlungstag folgenden Werktage erhoben werden. Bei einem Sichtwechsel muß der Protest mangels Zahlung in den gleichen Fristen erhoben werden, wie sie im vorhergehenden Absatz für den Protest mangels Annahme vorgesehen sind.

---

bei Vorliegen außergewöhnlicher, den Kurs seiner Währung berührender Umstände für erforderlich hält. Gleiches gilt für die auf seinem Gebiet in fremder Währung ausgestellten Wechsel.

*) Entspricht der Reserve zum EWG. Anl. II, Art. 10; in D. Entw. fehlt der Hinweis auf die Anordnung der Geschäftsaufsicht.

Ist Protest mangels Annahme erhoben worden, so bedarf es weder der Vorlegung zur Zahlung noch des Protestes mangels Zahlung.

Hat der Bezogene, gleichviel ob er den Wechsel angenommen hat oder nicht, seine Zahlungen eingestellt oder ist eine Zwangsvollstreckung in sein Vermögen fruchtlos verlaufen, so kann der Inhaber nur Rückgriff nehmen, nachdem der Wechsel dem Bezogenen zur Zahlung vorgelegt und Protest erhoben worden ist.

Ist über das Vermögen des Bezogenen, gleichviel ob er den Wechsel angenommen hat oder nicht, oder über das Vermögen des Ausstellers eines Wechsels, dessen Vorlegung zur Annahme untersagt ist, Konkurs *oder das Ausgleichsverfahren (gerichtliches Vergleichsverfahren)**) eröffnet *oder die Geschäftsaufsicht angeordnet***) worden, so genügt es zur Ausübung des Rückgriffsrechts, daß der gerichtliche Beschluß über die Eröffnung des Konkurses *oder des Ausgleichsverfahrens (gerichtlichen Vergleichsverfahrens)**) *oder über die Anordnung der Geschäftsaufsicht***) vorgelegt wird. *Die Vorlegung der Bekanntmachung des gerichtlichen Beschlusses im Zentralblatt für die Eintragungen in das Handelsregister der Republik Österreich oder in der zu amtlichen Kundmachungen bestimmten Zeitung ist der Vorlegung des gerichtlichen Beschlusses gleichzuhalten****).

Artikel 45. Der Inhaber muß seinen unmittelbaren Vormann und den Aussteller von dem Unterbleiben der Annahme oder der Zahlung innerhalb der vier Werktage benachrichtigen, die auf den Tag der Protesterhebung oder, im Falle des Vermerks „ohne Kosten", auf den Tag der Vorlegung folgen. Jeder Indossant muß innerhalb zweier Werktage nach Empfang der Nachricht seinem unmittelbaren Vormanne von der Nachricht, die er erhalten hat, Kenntnis geben und ihm die Namen und Adressen derjenigen mitteilen, die vorher Nachricht gegeben haben, und so weiter in der Reihenfolge bis zum Aussteller. Die Fristen laufen vom Empfang der vorhergehenden Nachricht.

Wird nach Maßgabe des vorhergehenden Absatzes einer Person, deren Unterschrift sich auf dem Wechsel befindet, Nachricht gegeben, so muß die gleiche Nachricht in derselben Frist ihrem Wechselbürgen gegeben werden.

Hat ein Indossant seine Adresse nicht oder in unleserlicher Form angegeben, so genügt es, daß sein unmittelbarer Vormann benachrichtigt wird.

---

*) Die nachfolgende Stelle beruht auf der Reserve zum EWG. Anl. II, Art. 10.

**) In D. Entw. fehlt der Hinweis auf die Anordnung der Geschäftsaufsicht.

***) Dieser Satz lautet in D. Entw.: Die Vorlegung der Bekanntmachung des gerichtlichen Beschlusses im deutschen Reichsanzeiger oder in dem zur Veröffentlichung amtlicher Bekanntmachungen des Gerichts bestimmten Blatte ist der Vorlegung des gerichtlichen Beschlusses gleichzuachten.

Die Nachricht kann in jeder Form gegeben werden, auch durch die bloße Rücksendung des Wechsels.

Der zur Benachrichtigung Verpflichtete hat zu beweisen, daß er in der vorgeschriebenen Frist benachrichtigt hat. Die Frist gilt als eingehalten, wenn ein Schreiben, das die Benachrichtigung enthält, innerhalb der Frist zur Post gegeben worden ist.

Wer die rechtzeitige Benachrichtigung versäumt, verliert nicht den Rückgriff; er haftet für den etwa durch seine Nachlässigkeit entstandenen Schaden, jedoch nur bis zur Höhe der Wechselsumme.

Artikel 46. Der Aussteller sowie jeder Indossant oder Wechselbürge kann durch den Vermerk „ohne Kosten", „ohne Protest" oder einen gleichbedeutenden auf den Wechsel gesetzten und unterzeichneten Vermerk den Inhaber von der Verpflichtung befreien, zum Zwecke der Ausübung des Rückgriffs Protest mangels Annahme oder mangels Zahlung erheben zu lassen.

Der Vermerk befreit den Inhaber nicht von der Verpflichtung, den Wechsel rechtzeitig vorzulegen und die erforderlichen Nachrichten zu geben. Der Beweis, daß die Frist nicht eingehalten worden ist, liegt demjenigen ob, der sich dem Inhaber gegenüber darauf beruft.

Ist der Vermerk vom Aussteller beigefügt, so wirkt er gegenüber allen Wechselverpflichteten; ist er von einem Indossanten oder einem Wechselbürgen beigefügt, so wirkt er nur diesen gegenüber. Läßt der Inhaber ungeachtet des vom Aussteller beigefügten Vermerks Protest erheben, so fallen ihm die Kosten zur Last. Ist der Vermerk von einem Indossanten oder einem Wechselbürgen beigefügt, so sind alle Wechselverpflichteten zum Ersatze der Kosten eines dennoch erhobenen Protestes verpflichtet.

Artikel 47. Alle, die einen Wechsel ausgestellt, angenommen, indossiert oder mit einer Bürgschaftserklärung versehen haben, haften dem Inhaber als Gesamtschuldner.

Der Inhaber kann jeden einzelnen oder mehrere oder alle zusammen in Anspruch nehmen, ohne an die Reihenfolge gebunden zu sein, in der sie sich verpflichtet haben.

Das gleiche Recht steht jedem Wechselverpflichteten zu, der den Wechsel eingelöst hat.

Durch die Geltendmachung des Anspruchs gegen einen Wechselverpflichteten verliert der Inhaber nicht seine Rechte gegen die anderen Wechselverpflichteten, auch nicht gegen die Nachmänner desjenigen, der zuerst in Anspruch genommen worden ist.

Artikel 48. Der Inhaber kann im Wege des Rückgriffs verlangen:

1. die Wechselsumme, soweit der Wechsel nicht angenommen oder nicht eingelöst worden ist, mit den etwa bedungenen Zinsen;

2. Zinsen zu 6 vom Hundert*) seit dem Verfalltage;

---

*) Über den Zinssatz beim Rückgriff aus Wechseln, die im Inlande sowohl ausgestellt als auch zahlbar sind, vergleiche Art. 2 des Entw. zum deutschen Wechselgesetz unten S. 131.

3. die Kosten des Protestes und der Nachrichten sowie die anderen Auslagen;

4. eine Vergütung, die mangels besonderer Vereinbarung 1/3 vom Hundert der Hauptsumme des Wechsels beträgt und diesen Satz keinesfalls überschreiten darf).*

Wird der Rückgriff vor Verfall genommen, so werden von der Wechselsumme Zinsen abgezogen. Diese Zinsen werden auf Grund des öffentlich bekanntgemachten Diskontsatzes (Satz der Zentralnotenbank) berechnet, der am Tage des Rückgriffs am Wohnort des Inhabers gilt.

Artikel 49. Wer den Wechsel eingelöst hat, kann von seinen Vormännern verlangen:

1. den vollen Betrag, den er gezahlt hat;
2. die Zinsen dieses Betrages zu 6 vom Hundert seit dem Tage der Einlösung**);
3. seine Auslagen;
4. *eine Vergütung, die nach den Vorschriften des Artikels 48, Absatz 1, Z. 4, berechnet wird*).*

Artikel 50. Jeder Wechselverpflichtete, gegen den Rückgriff genommen wird oder genommen werden kann, ist berechtigt, zu verlangen, daß ihm gegen Entrichtung der Rückgriffssumme der Wechsel mit dem Protest und eine quittierte Rechnung ausgehändigt werden.

Jeder Indossant, der den Wechsel eingelöst hat, kann sein Indossament und die Indossamente seiner Nachmänner ausstreichen.

Artikel 51. Bei dem Rückgriff nach einer Teilannahme kann derjenige, der den nicht angenommenen Teil der Wechselsumme entrichtet, verlangen, daß dies auf dem Wechsel vermerkt und ihm darüber Quittung erteilt wird. Der Inhaber muß ihm ferner eine beglaubigte Abschrift des Wechsels und den Protest aushändigen, um den weiteren Rückgriff zu ermöglichen.

Artikel 52. Wer zum Rückgriff berechtigt ist, kann mangels eines entgegenstehenden Vermerks den Rückgriff dadurch nehmen, daß er auf einen seiner Vormänner einen neuen Wechsel (Rückwechsel) zieht, der auf Sicht lautet und am Wohnort dieses Vormannes zahlbar ist.

Der Rückwechsel umfaßt, außer den in den Artikeln 48 und 49 angegebenen Beträgen, die Mäklergebühr und die Stempelgebühr***) für den Rückwechsel.

Wird der Rückwechsel vom Inhaber gezogen, so richtet sich die Höhe der Wechselsumme nach dem Kurse, den ein vom Zahlungsorte des ursprünglichen Wechsels auf den Wohnort des Vormannes gezogener Sichtwechsel hat. Wird der Rückwechsel von einem Indossanten gezogen, so richtet sich die Höhe der Wechselsumme nach dem Kurse,

---

*) Entspricht der Reserve zum EWG. Anl. II, Art. 14.

**) Siehe Anmerkung, S. 116.

***) Im D. Entw. „Stempelsteuer“.

den ein vom Wohnorte des Ausstellers des Rückwechsels auf den Wohnort des Vormannes gezogener Sichtwechsel hat.

Artikel 53. Mit der Versäumung der Fristen

für die Vorlegung eines Wechsels, der auf Sicht oder auf eine bestimmte Zeit nach Sicht lautet,

für die Erhebung des Protestes mangels Annahme oder mangels Zahlung,

für die Vorlegung zur Zahlung im Falle des Vermerks „ohne Kosten"

verliert der Inhaber seine Rechte gegen die Indossanten, den Aussteller und alle anderen Wechselverpflichteten, mit Ausnahme des Annehmers.

Versäumt der Inhaber die vom Aussteller für die Vorlegung zur Annahme vorgeschriebene Frist, so verliert er das Recht, mangels Annahme und mangels Zahlung Rückgriff zu nehmen, sofern nicht der Wortlaut des Vermerks ergibt, daß der Aussteller nur die Haftung für die Annahme hat ausschließen wollen.

Ist die Frist für die Vorlegung in einem Indossament enthalten, so kann sich nur der Indossant darauf berufen.

Artikel 54. Steht der rechtzeitigen Vorlegung des Wechsels oder der rechtzeitigen Erhebung des Protestes ein unüberwindliches **Hindernis** entgegen (gesetzliche Vorschrift eines Staates oder ein anderer Fall höherer Gewalt), so werden die für diese Handlungen bestimmten Fristen verlängert.

Der Inhaber ist verpflichtet, seinen unmittelbaren Vormann von dem Falle der höheren Gewalt unverzüglich zu benachrichtigen und die Benachrichtigung unter Beifügung des Tages und Ortes sowie seiner Unterschrift auf dem Wechsel oder einem Anhang zu vermerken; im übrigen finden die Vorschriften des Artikels 45 Anwendung.

Fällt die höhere Gewalt weg, so muß der Inhaber den Wechsel unverzüglich zur Annahme oder zur Zahlung vorlegen und gegebenenfalls Protest erheben lassen.

Dauert die höhere Gewalt länger als dreißig Tage nach Verfall, so kann Rückgriff genommen werden, ohne daß es der Vorlegung oder der Protesterhebung bedarf.

Bei Wechseln, die auf Sicht oder auf eine bestimmte Zeit nach Sicht lauten, läuft die dreißigtägige Frist von dem Tage, an dem der Inhaber seinen Vormann von dem Falle der höheren Gewalt benachrichtigt hat; diese Nachricht kann schon vor Ablauf der Vorlegungsfrist gegeben werden. Bei Wechseln, die auf eine bestimmte Zeit nach Sicht lauten, verlängert sich die dreißigtägige Frist um die im Wechsel angegebene Nachsichtfrist.

Tatsachen, die rein persönlich den Inhaber oder denjenigen betreffen, den er mit der Vorlegung des Wechsels oder mit der Protesterhebung beauftragt hat, gelten nicht als Fälle höherer Gewalt.

Achter Abschnitt

Ehreneintritt

1. Allgemeine Vorschriften

Artikel 55. Der Aussteller sowie jeder Indossant oder Wechselbürge kann eine Person angeben, die im Notfall annehmen oder zahlen soll.

Der Wechsel kann unter den nachstehend bezeichneten Voraussetzungen zu Ehren eines jeden Wechselverpflichteten, gegen den Rückgriff genommen werden kann, angenommen oder bezahlt werden.

Jeder Dritte, auch der Bezogene, sowie jeder aus dem Wechsel bereits Verpflichtete, mit Ausnahme des Annehmers, kann einen Wechsel zu Ehren annehmen oder bezahlen.

Wer zu Ehren annimmt oder zahlt, ist verpflichtet, den Wechselverpflichteten, für den er eintritt, innerhalb zweier Werktage hievon zu benachrichtigen. Hält er die Frist nicht ein, so haftet er für den etwa durch seine Nachlässigkeit entstandenen Schaden, jedoch nur bis zur Höhe der Wechselsumme.

2. Ehrenannahme

Artikel 56. Die Ehrenannahme ist in allen Fällen zulässig, in denen der Inhaber vor Verfall Rückgriff nehmen kann, es sei denn, daß es sich um einen Wechsel handelt, dessen Vorlegung zur Annahme untersagt ist.

Ist auf dem Wechsel eine Person angegeben, die im Notfall am Zahlungsort annehmen oder zahlen soll, so kann der Inhaber vor Verfall gegen denjenigen, der die Notadresse beigefügt hat, und gegen seine Nachmänner nur Rückgriff nehmen, wenn er den Wechsel der in der Notadresse bezeichneten Person vorgelegt hat und im Falle der Verweigerung der Ehrenannahme die Verweigerung durch einen Protest hat feststellen lassen.

In den anderen Fällen des Ehreneintritts kann der Inhaber die Ehrenannahme zurückweisen. Läßt er sie aber zu, so verliert er den Rückgriff vor Verfall gegen denjenigen, zu dessen Ehren die Annahme erklärt worden ist, und gegen dessen Nachmänner.

Artikel 57. Die Ehrenannahme wird auf dem Wechsel vermerkt; sie ist von demjenigen, der zu Ehren annimmt, zu unterschreiben. In der Annahmeerklärung ist anzugeben, für wen die Ehrenannahme stattfindet; mangels einer solchen Angabe gilt sie für den Aussteller.

Artikel 58. Wer zu Ehren annimmt, haftet dem Inhaber und den Nachmännern desjenigen, für den er eingetreten ist, in der gleichen Weise wie dieser selbst.

Trotz der Ehrenannahme können der Wechselverpflichtete, zu dessen Ehren der Wechsel angenommen worden ist, und seine Vormänner vom Inhaber gegen Erstattung des im Artikel 48 angegebenen Betrages die Aushändigung des Wechsels und gegebenenfalls des erhobenen Protestes sowie einer quittierten Rechnung verlangen.

3. Ehrenzahlung

Artikel 59. Die Ehrenzahlung ist in allen Fällen zulässig, in denen der Inhaber bei Verfall oder vor Verfall Rückgriff nehmen kann.

Die Ehrenzahlung muß den vollen Betrag umfassen, den der Wechselverpflichtete, für den sie stattfindet, zahlen müßte.

Sie muß spätestens am Tage nach Ablauf der Frist für die Erhebung des Protestes mangels Zahlung stattfinden.

Artikel 60. Ist der Wechsel von Personen zu Ehren angenommen, die ihren Wohnsitz am Zahlungsort haben, oder sind am Zahlungsort wohnende Personen angegeben, die im Notfall zahlen sollen, so muß der Inhaber spätestens am Tage nach Ablauf der Frist für die Erhebung des Protestes mangels Zahlung den Wechsel allen diesen Personen vorlegen und gegebenenfalls Protest wegen unterbliebener Ehrenzahlung erheben lassen.

Wird der Protest nicht rechtzeitig erhoben, so werden derjenige, der die Notadresse angegeben hat oder zu dessen Ehren der Wechsel angenommen worden ist, und die Nachmänner frei.

Artikel 61. Weist der Inhaber die Ehrenzahlung zurück, so verliert er den Rückgriff gegen diejenigen, die frei geworden wären.

Artikel 62. Über die Ehrenzahlung ist auf dem Wechsel eine Quittung auszustellen, die denjenigen bezeichnet, für den gezahlt wird. Fehlt die Bezeichnung, so gilt die Zahlung für den Aussteller.

Der Wechsel und der etwa erhobene Protest sind dem Ehrenzahler auszuhändigen.

Artikel 63. Der Ehrenzahler erwirbt die Rechte aus dem Wechsel gegen den Wechselverpflichteten, für den er gezahlt hat, und gegen die Personen, die diesem aus dem Wechsel haften. Er kann jedoch den Wechsel nicht weiter indossieren.

Die Nachmänner des Wechselverpflichteten, für den gezahlt worden ist, werden frei.

Sind mehrere Ehrenzahlungen angeboten, so gebührt derjenigen der Vorzug, durch welche die meisten Wechselverpflichteten frei werden. Wer entgegen dieser Vorschrift in Kenntnis der Sachlage zu Ehren zahlt, verliert den Rückgriff gegen diejenigen, die sonst frei geworden wären.

Neunter Abschnitt

Ausfertigung mehrerer Stücke eines Wechsels; Wechselabschriften

1. Ausfertigungen

Artikel 64. Der Wechsel kann in mehreren gleichen Ausfertigungen ausgestellt werden.

Diese Ausfertigungen müssen im Texte der Urkunde mit fortlaufenden Nummern versehen sein; andernfalls gilt jede Ausfertigung als besonderer Wechsel.

Jeder Inhaber eines Wechsels kann auf seine Kosten die Übergabe mehrerer Ausfertigungen verlangen, sofern nicht aus dem Wechsel zu ersehen ist, daß er in einer einzigen Ausfertigung ausgestellt worden ist. Zu diesem Zwecke hat sich der Inhaber an seinen unmittelbaren Vormann zu wenden, der wieder an seinen Vormann zurückgehen muß, und so weiter in der Reihenfolge bis zum Aussteller. Die Indossanten sind verpflichtet, ihre Indossamente auf den neuen Ausfertigungen zu wiederholen.

Artikel 65. Wird eine Ausfertigung bezahlt, so erlöschen die Rechte aus allen Ausfertigungen, auch wenn diese nicht den Vermerk tragen, daß durch die Zahlung auf eine Ausfertigung die anderen ihre Gültigkeit verlieren. Jedoch bleibt der Bezogene aus jeder angenommenen Ausfertigung, die ihm nicht zurückgegeben worden ist, verpflichtet.

Hat ein Indossant die Ausfertigungen an verschiedene Personen übertragen, so haften er und seine Nachmänner aus allen Ausfertigungen, die ihre Unterschrift tragen und nicht herausgegeben worden sind.

Artikel 66. Wer eine Ausfertigung zur Annahme versendet, hat auf den anderen Ausfertigungen den Namen dessen anzugeben, bei dem sich die versendete Ausfertigung befindet. Dieser ist verpflichtet, sie dem rechtmäßigen Inhaber einer anderen Ausfertigung auszuhändigen.

Wird die Aushändigung verweigert, so kann der Inhaber nur Rückgriff nehmen, nachdem er durch einen Protest hat feststellen lassen:

1. daß ihm die zur Annahme versendete Ausfertigung auf sein Verlangen nicht ausgehändigt worden ist;
2. daß die Annahme oder die Zahlung auch nicht auf eine andere Ausfertigung zu erlangen war.

2. Abschriften

Artikel 67. Jeder Inhaber eines Wechsels ist befugt, Abschriften davon herzustellen.

Die Abschrift muß die Urschrift mit den Indossamenten und allen anderen darauf befindlichen Vermerken genau wiedergeben. Es muß angegeben sein, wieweit die Abschrift reicht.

Die Abschrift kann auf dieselbe Weise und mit denselben Wirkungen indossiert und mit einer Bürgschaftserklärung versehen werden wie die Urschrift.

Artikel 68. In der Abschrift ist der Verwahrer der Urschrift zu bezeichnen. Dieser ist verpflichtet, die Urschrift dem rechtmäßigen Inhaber der Abschrift auszuhändigen.

Wird die Aushändigung verweigert, so kann der Inhaber gegen die Indossanten der Abschrift und gegen diejenigen, die eine Bürgschaftserklärung auf die Abschrift gesetzt haben, nur Rückgriff nehmen, nachdem er durch einen Protest hat feststellen lassen, daß ihm die Urschrift auf sein Verlangen nicht ausgehändigt worden ist.

Enthält die Urschrift nach dem letzten, vor Anfertigung der Abschrift daraufgesetzten Indossament den Vermerk „von hier ab gelten Indossamente nur noch auf der Abschrift“ oder einen gleichbedeutenden Vermerk, so ist ein später auf die Urschrift gesetztes Indossament nichtig.

Zehnter Abschnitt

Änderungen

Artikel 69. Wird der Text eines Wechsels geändert, so haften diejenigen, die nach der Änderung ihre Unterschrift auf den Wechsel gesetzt haben, entsprechend dem geänderten Texte; wer früher unterschrieben hat, haftet nach dem ursprünglichen Texte.

Elfter Abschnitt

Verjährung

Artikel 70. Die wechselmäßigen Ansprüche gegen den Annehmer verjähren in drei Jahren vom Verfalltage.

Die Ansprüche des Inhabers gegen die Indossanten und gegen den Aussteller verjähren in einem Jahre vom Tage des rechtzeitig erhobenen Protestes oder im Falle des Vermerks „ohne Kosten“ vom Verfalltage.

Die Ansprüche eines Indossanten gegen andere Indossanten und gegen den Aussteller verjähren in sechs Monaten von dem Tage, an dem der Wechsel vom Indossanten eingelöst oder ihm gegenüber gerichtlich geltend gemacht worden ist.

Artikel 71. Die Unterbrechung der Verjährung wirkt nur gegen den Wechselverpflichteten, in Ansehung dessen die Tatsache eingetreten ist, welche die Unterbrechung bewirkt.

Zwölfter Abschnitt

Allgemeine Vorschriften

Artikel 72. Verfällt der Wechsel an einem gesetzlichen Feiertage, so kann die Zahlung erst am nächsten Werktage verlangt werden. Auch alle anderen auf den Wechsel bezüglichen Handlungen, insbesondere die Vorlegung zur Annahme und die Protesterhebung, können nur an einem Werktage stattfinden.

Fällt der letzte Tag einer Frist, innerhalb deren eine dieser Handlungen vorgenommen werden muß, auf einen gesetzlichen Feiertag, so wird die Frist bis zum nächsten Werktage verlängert. Feiertage, die in den Lauf einer Frist fallen, werden bei der Berechnung der Frist mitgezählt.

Artikel 73. Bei der Berechnung der gesetzlichen oder im Wechsel bestimmten Fristen wird der Tag, von dem sie zu laufen beginnen, nicht mitgezählt.

Artikel 74. Weder gesetzliche noch richterliche Respekttage werden anerkannt.

Zweiter Teil

Eigener Wechsel

Artikel 75. Der eigene Wechsel enthält:

1. die Bezeichnung als Wechsel im Texte der Urkunde, und zwar in der Sprache, in der sie ausgestellt ist;
2. das unbedingte Versprechen, eine bestimmte Geldsumme zu zahlen;
3. die Angabe der Verfallzeit;
4. die Angabe des Zahlungsortes;
5. den Namen dessen, an den oder an dessen Order gezahlt werden soll;
6. die Angabe des Tages und des Ortes der Ausstellung;
7. die Unterschrift des Ausstellers.

Artikel 76. Eine Urkunde, der einer der im vorstehenden Artikel bezeichneten Bestandteile fehlt, gilt nicht als eigener Wechsel, vorbehaltlich der in den folgenden Absätzen bezeichneten Fälle.

Ein eigener Wechsel ohne Angabe der Verfallzeit gilt als Sichtwechsel.

Mangels einer besonderen Angabe gilt der Ausstellungsort als Zahlungsort und zugleich als Wohnort des Ausstellers.

Ein eigener Wechsel ohne Angabe des Ausstellungsortes gilt als ausgestellt an dem Orte, der bei dem Namen des Ausstellers angegeben ist.

Artikel 77. Für den eigenen Wechsel gelten, soweit sie nicht mit seinem Wesen in Widerspruch stehen, die für den gezogenen Wechsel gegebenen Vorschriften über

das Indossament (Artikel 11 bis 20),
den Verfall (Artikel 33 bis 37),
die Zahlung (Artikel 38 bis 42),
den Rückgriff mangels Zahlung (Artikel 43 bis 50, 52 bis 54),
die Ehrenzahlung (Artikel 55, 59 bis 63),
die Abschriften (Artikel 67 und 68),
die Änderungen (Artikel 69),
die Verjährung (Artikel 70 und 71),
die Feiertage, die Fristenberechnung und das Verbot der Respekttage (Artikel 72 bis 74).

Ferner gelten für den eigenen Wechsel die Vorschriften über gezogene Wechsel, die bei einem Dritten oder an einem von dem Wohnort des Bezogenen verschiedenen Ort zahlbar sind (Artikel 4 und 27), über den Zinsvermerk (Artikel 5), über die Abweichungen bei der Angabe der Wechselsumme (Artikel 6), über die Folgen einer ungültigen Unterschrift (Artikel 7) oder die Unterschrift einer Person, die ohne Vertretungsbefugnis handelt oder ihre Vertretungsbefugnis überschreitet (Artikel 8), und über den Blankowechsel (Artikel 10).

Ebenso finden auf den eigenen Wechsel die Vorschriften über die Wechselbürgschaft Anwendung (Artikel 30 bis 32); im Falle des Artikels 31, Absatz 4, gilt die Wechselbürgschaft, wenn die Erklärung nicht angibt, für wen sie geleistet wird, für den Aussteller des eigenen Wechsels.

Artikel 78. Der Aussteller eines eigenen Wechsels haftet in der gleichen Weise wie der Annehmer eines gezogenen Wechsels.

Eigene Wechsel, die auf eine bestimmte Zeit nach Sicht lauten, müssen dem Aussteller innerhalb der im Artikel 23 bezeichneten Fristen zur Sicht vorgelegt werden. Die Sicht ist von dem Aussteller auf dem Wechsel unter Angabe des Tages und Beifügung der Unterschrift zu bestätigen. Die Nachsichtfrist läuft vom Tage des Sichtvermerks. Weigert sich der Aussteller, die Sicht unter Angabe des Tages zu bestätigen, so ist dies durch einen Protest festzustellen (Artikel 25); die Nachsichtfrist läuft dann vom Tage des Protestes.

Dritter Teil

Ergänzende Vorschriften

Erster Abschnitt

Protest

Artikel 79. Jeder Protest muß durch einen Notar, einen Gerichtsbeamten oder einen Postbeamten*) aufgenommen werden.

Den Postbeamten stehen solche Personen gleich, denen von der Postverwaltung die Aufnahme von Protesten übertragen ist.

Artikel 80. In den Protest ist aufzunehmen:

1. der Name dessen, für den protestiert wird, sowie der Name dessen, gegen den protestiert wird;
2. die Angabe, daß derjenige, gegen den protestiert wird, ohne Erfolg zur Vornahme der wechselrechtlichen Leistung aufgefordert worden oder nicht anzutreffen gewesen ist oder daß seine Geschäftsräume oder seine Wohnung sich nicht haben ermitteln lassen;
3. die Angabe des Ortes und des Tages, an dem die Aufforderung geschehen oder ohne Erfolg versucht worden ist.

Verlangt der Bezogene, dem ein Wechsel zur Annahme vorgelegt wird, die nochmalige Vorlegung am nächsten Tage, so ist dies im Proteste zu vermerken.

Der Protest ist von dem Protestbeamten zu unterschreiben und mit dem Amtssiegel oder dem Amtsstempel zu versehen.

Artikel 81. Der Protest ist auf den Wechsel oder auf ein mit dem Wechsel zu verbindendes Blatt zu setzen.

Er soll unmittelbar hinter den letzten auf der Rückseite des Wechsels befindlichen Vermerk, in Ermanglung eines solchen unmittelbar an einen Rand der Rückseite gesetzt werden.

Wird der Protest auf ein Blatt gesetzt, das mit dem Wechsel verbunden wird, so soll die Verbindungsstelle mit dem Amtssiegel oder dem Amtsstempel versehen werden. Ist dies geschehen, so braucht der

*) Entspricht Art. 8 JWR.

Unterschrift des Protestbeamten ein Siegel oder Stempel nicht beigefügt zu werden.

Wird der Protest unter Vorlegung mehrerer Ausfertigungen desselben Wechsels oder unter Vorlegung der Urschrift und einer Abschrift erhoben, so genügt die Beurkundung auf einer der Ausfertigungen oder auf der Urschrift. Auf den anderen Ausfertigungen oder auf der Abschrift ist zu vermerken, auf welche Ausfertigung der Protest gesetzt worden ist oder daß er sich auf der Urschrift befindet. Auf den Vermerk finden die Vorschriften des Absatzes 2 und des Absatzes 3, Satz 1, entsprechende Anwendung. Der Protestbeamte hat den Vermerk zu unterschreiben.

Artikel 82. Der Protest, den der Inhaber einer Abschrift nach Artikel 68, Absatz 2, gegen den Verwahrer der Urschrift erheben läßt, ist auf die Abschrift oder auf ein damit zu verbindendes Blatt zu setzen.

Wird Protest erhoben, weil die Annahme auf einen Teil der Wechselsumme beschränkt worden ist, so ist eine Abschrift des Wechsels anzufertigen und der Protest auf diese Abschrift oder auf ein damit zu verbindendes Blatt zu setzen. Die Abschrift hat auch die auf dem Wechsel befindlichen Indossamente und anderen Vermerke zu enthalten.

Die Vorschriften des Artikels 81, Absatz 2 und Absatz 3, finden entsprechende Anwendung.

Artikel 83. Muß eine wechselrechtliche Leistung von mehreren Personen oder von derselben Person mehrfach verlangt werden, so ist über die mehrfache Aufforderung nur eine Protesturkunde erforderlich.

Artikel 84. Der Wechsel kann an den Protestbeamten bezahlt werden. Die Befugnis des Protestbeamten zur Annahme der Zahlung kann nicht ausgeschlossen werden.

Artikel 85. Schreibfehler, Auslassungen und sonstige Mängel der Protesturkunde können bis zur Aushändigung der Urkunde an denjenigen, für den der Protest erhoben worden ist, von dem Protestbeamten berichtigt werden. Die Berichtigung ist als solche unter Beifügung der Unterschrift kenntlich zu machen.

Von dem Protest ist eine beglaubigte Abschrift zurückzubehalten. Über den Inhalt des Wechsels oder der Wechselabschrift ist ein Vermerk aufzunehmen. Der Vermerk hat zu enthalten:

1. den Betrag des Wechsels;
2. die Verfallzeit;
3. den Ort und den Tag der Ausstellung;
4. den Namen des Ausstellers, den Namen dessen, an den oder an dessen Order gezahlt werden soll, und den Namen des Bezogenen;
5. falls eine vom Bezogenen oder bei eigenen Wechseln vom Aussteller verschiedene Person angegeben ist, durch welche die Zahlung bewirkt werden soll, den Namen dieser Person sowie die Namen der etwaigen Notadressen und derjenigen, die den Wechsel zu Ehren angenommen haben.

Die Abschriften und Vermerke sind geordnet aufzubewahren.

Artikel 86. Proteste sollen in der Zeit von neun Uhr vormittags bis sechs Uhr abends erhoben werden, außerhalb dieser Zeit nur dann, wenn derjenige, gegen den protestiert wird, ausdrücklich einwilligt.

Artikel 87. Die Vorlegung zur Annahme oder Zahlung, die Protesterhebung, die Abforderung einer Ausfertigung sowie alle sonstigen bei einer bestimmten Person vorzunehmenden Handlungen müssen in deren Geschäftsräumen oder, wenn sich solche nicht ermitteln lassen, in deren Wohnung vorgenommen werden. An einer anderen Stelle, insbesondere an der Börse, kann dies nur mit beiderseitigem Einverständnisse geschehen.

Ist in dem Protest vermerkt, daß sich die Geschäftsräume oder die Wohnung nicht haben ermitteln lassen, so ist der Protest nicht deshalb unwirksam, weil die Ermittlung möglich war.

Die Verantwortlichkeit des Protestbeamten, der es unterläßt, geeignete Ermittlungen anzustellen, wird durch die Vorschrift des zweiten Absatzes nicht berührt. Ist eine Nachfrage bei der Polizeibehörde des Ortes ohne Erfolg geblieben, so ist der Protestbeamte zu weiteren Nachforschungen nicht verpflichtet.

Artikel 88. Eine in den Geschäftsräumen oder in der Wohnung eines Beteiligten vorgenommene Handlung ist auch dann wirksam, wenn an Stelle des Ortes, in welchem die Geschäftsräume oder die Wohnung liegen, ein benachbarter Ort in dem Wechsel angegeben ist. Mit beiderseitigem Einverständnis können auch in anderen Fällen die bei einem Beteiligten vorzunehmenden Handlungen an einem Orte erfolgen, der dem im Wechsel angegebenen Orte benachbart ist.

Welche Orte im Sinne dieser Vorschriften als benachbarte anzusehen sind, wird durch Verordnung bestimmt.

Zweiter Abschnitt

Bereicherung*)

Artikel 89. Ist die wechselmäßige Verbindlichkeit des Ausstellers oder des Annehmers durch Verjährung oder dadurch erloschen, daß eine zur Erhaltung des Wechselrechts notwendige Handlung versäumt worden ist, so bleiben sie dem Inhaber des Wechsels soweit verpflichtet, als sie sich mit dessen Schaden bereichern würden. Der Anspruch auf Herausgabe der Bereicherung verjährt in drei Jahren nach dem Erlöschen der wechselmäßigen Verbindlichkeit.

Gegen die Indossanten, deren wechselmäßige Verbindlichkeit erloschen ist, findet ein solcher Anspruch nicht statt.

Dritter Abschnitt

Abhanden gekommene Wechsel und Protesturkunden

Artikel 90).** Für das Verfahren zur Kraftloserklärung von Wechseln gelten folgende besondere Bestimmungen:

---

*) Entspricht der Reserve zum EWG. Anl. II, Art. 15, Satz 1.

**) In D. Entw.: Ein abhanden gekommener oder vernichteter Wechsel kann im Wege des Aufgebotsverfahrens für kraftlos erklärt werden. Nach Einleitung des Verfahrens kann der Berechtigte von

Die Aufgebotsfrist beträgt 45 Tage; sie läuft, wenn der Wechsel noch nicht fällig ist, vom ersten Tage nach der Verfallzeit des Wechsels.

Von der Einleitung des Verfahrens zur Kraftloserklärung sind, soweit dies tunlich ist, alle im Wechsel genannten Personen zu verständigen.

Nach Einleitung des Verfahrens zur Kraftloserklärung und nach der Verfallzeit des Wechsels kann der Antragsteller vom Annehmer eines gezogenen Wechsels (Aussteller eines eigenen Wechsels) oder dessen Wechselbürgen Zahlung fordern, wenn er bis zur Kraftloserklärung Sicherheit leistet. Ohne eine solche Sicherstellung ist der Antragsteller nur berechtigt zu verlangen, daß die Wechselsumme auf seine Kosten bei Gericht hinterlegt werde. Der Verpflichtete, der diesem Verlangen entspricht, wird von seiner Wechselverbindlichkeit frei.

Eine abhanden gekommene oder vernichtete Protesturkunde kann durch ein Zeugnis über die Protesterhebung ersetzt werden. Es ist von jener Stelle zu erteilen, die die beglaubigte Abschrift der Urkunde verwahrt. In dem Zeugnis muß der Inhalt des Protestes und des gemäß Artikel 85, Absatz 2, aufgenommenen Vermerks angegeben sein.

Vierter Teil

Geltungsbereich der Gesetze

Artikel 91. Die Fähigkeit einer Person, eine Wechselverbindlichkeit einzugehen, bestimmt sich nach dem Rechte des Landes, dem sie angehört. Erklärt dieses Recht das Recht eines anderen Landes für maßgebend, so ist das letztere Recht anzuwenden.

Wer nach dem im vorstehenden Absatz bezeichneten Recht nicht wechselfähig ist, wird gleichwohl gültig verpflichtet, wenn die Unterschrift in dem Gebiet eines Landes abgegeben worden ist, nach dessen Recht er wechselfähig wäre. *Diese Vorschrift findet keine Anwendung, wenn die Verbindlichkeit von einem Inländer im Ausland übernommen worden ist**).

Artikel 92. Die Form einer Wechselerklärung bestimmt sich nach dem Rechte des Landes, in dessen Gebiete die Erklärung unterschrieben worden ist.

Wenn jedoch eine Wechselerklärung, die nach den Vorschriften des vorstehenden Absatzes ungültig ist, dem Rechte des Landes ent-

---

dem Annehmer des gezogenen oder dem Aussteller des eigenen Wechsels bei der Fälligkeit Zahlung fordern, wenn er bis zur Kraftloserklärung Sicherheit leistet. — Eine abhanden gekommene oder vernichtete Protesturkunde kann durch ein Zeugnis über die Protesterhebung ersetzt werden, das von der die beglaubigte Abschrift der Urkunde verwahrenden Stelle zu erteilen ist. In dem Zeugnis muß der Inhalt des Protestes und des gemäß Artikel 85, Abs. 2 aufgenommenen Vermerkes angegeben sein.

*) Entspricht der Reserve des Art. 2, Abs. III des IWR.

spricht, in dessen Gebiet eine spätere Wechselerklärung unterschrieben worden ist, so wird durch Mängel in der Form der ersten Wechselerklärung die Gültigkeit der späteren Wechselerklärung nicht berührt.

*Eine Wechselerklärung, die ein Inländer im Ausland abgegeben hat, ist im Inlande gegenüber anderen Inländern gültig, wenn die Erklärung den Formerfordernissen des inländischen Rechtes **genügt****).

Artikel 93. Die Wirkungen der Verpflichtungserklärungen des Annehmers eines gezogenen Wechsels und des Ausstellers eines eigenen Wechsels bestimmen sich nach dem Recht des Zahlungsortes.

Die Wirkungen der übrigen Wechselerklärungen bestimmen sich nach dem Rechte des Landes, in dessen Gebiete die Erklärungen unterschrieben worden sind.

Artikel 94. Die Fristen für die Ausübung der Rückgriffsrechte werden für alle Wechselverpflichteten durch das Recht des Ortes bestimmt, an dem der Wechsel ausgestellt worden ist.

Artikel 95. Das Recht des Ausstellungsortes bestimmt, ob der Inhaber eines gezogenen Wechsels die seiner Ausstellung zugrunde liegende Forderung erwirbt.

Artikel 96. Das Recht des Zahlungsortes bestimmt, ob die Annahme eines gezogenen Wechsels auf einen Teil der Summe beschränkt werden kann und ob der Inhaber verpflichtet oder nicht verpflichtet ist, eine Teilzahlung anzunehmen.

Dasselbe gilt für die Zahlung bei einem eigenen Wechsel.

Artikel 97. Die Form des Protestes und die Fristen für die Protesterhebung sowie die Form der übrigen Handlungen, die zur Ausübung oder Erhaltung der Wechselrechte erforderlich sind, bestimmen sich nach dem Rechte des Landes, in dessen Gebiete der Protest zu erheben oder die Handlung vorzunehmen ist.

Artikel 98. Das Recht des Zahlungsortes bestimmt die Maßnahmen, die bei Verlust oder Diebstahl eines Wechsels zu ergreifen sind.

B

Bundesgesetz vom 18. August 1932 zur Einführung des Wechselgesetzes, BGBl. Nr. 291 aus 1932

§ 1. (1) Das Wechselgesetz tritt an einem durch Verordnung des Bundesministers für Justiz zu bestimmenden Tage, spätestens aber am 1. Jänner 1934 in Kraft.

(2) Der Bundesminister für Justiz kann für das Inkrafttreten des Ersten bis Dritten Teiles des Wechselgesetzes einen anderen Zeitpunkt bestimmen als für das Inkrafttreten des Vierten Teiles. Er

---

*) Siehe Reserve des Art. 3, Abs. III des IWR.

kann ferner sowohl den Ersten bis Dritten Teil als auch den Vierten Teil — diesen mit eigener Artikelfolge unter dem Titel „Bundesgesetz über den Geltungsbereich der Wechselgesetze" — als selbständiges Gesetz in Kraft setzen.

§ 2. (1) Bestimmungen in Gesetzen und Verordnungen über Gegenstände, die im Wechselgesetz oder in diesem Gesetz geregelt sind, verlieren mit dem Inkrafttreten der entsprechenden Vorschriften des Wechselgesetzes ihre Wirksamkeit.

(2) Insbesondere werden aufgehoben:

1. die allgemeine Wechselordnung samt Einführungsgesetz (Kaiserliches Patent vom 25. Jänner 1850, R. G. Bl. Nr. 51) sowie die Ministerialverordnung vom 2. November 1858, R. G. Bl. Nr. 197, womit die Wechselordnung ergänzt worden ist;

2. die Justizministerialverordnung vom 29. Oktober 1852, R. G. Bl. Nr. 218, über Ratenwechsel;

3. die Justizministerialverordnung vom 6. Oktober 1853, R. G. Bl. Nr. 200, über den Blankowechsel;

4. die Justizministerialverordnung vom 2. November 1858, R. G. Bl. Nr. 198, über das Recht, vom Annehmer Sicherstellung zu fordern;

5. das Hofdekret vom 13. Juli 1789, J. G. S. Nr. 1033, über verpfändete Wechsel;

6. das Gesetz vom 19. Juni 1872, R. G. Bl. Nr. 88, über nicht eigenhändige Unterschriften auf dem Wechsel;

7. das Gesetz vom 9. März 1903, R. G. Bl. Nr. 60, über die Festsetzung der Tageszeiten für die Erhebung von Wechselprotesten sowie die auf Grund dieses Gesetzes erlassenen Verordnungen;

8. der § 3 des Gesetzes vom 21. Dezember 1905, R. G. Bl. Nr. 208, und der auf Grund dieser gesetzlichen Bestimmung erlassene § 4 der Verordnung des Justizministeriums vom 27. Dezember 1905, R. G. Bl. Nr. 210, über die Geltung des 21. Wiener Gemeindebezirkes als selbständiger Ort im Sinne der Wechselordnung;

9. das Gesetz vom 30. November 1912, R. G. Bl. Nr. 215, über den Einfluß der höheren Gewalt auf die Vornahme wechselrechtlicher Handlungen.

§ 3. Soweit in Gesetzen und Verordnungen auf die Wechselordnung verwiesen ist, treten die entsprechenden Vorschriften des Wechselgesetzes und dieses Gesetzes mit ihrem Inkrafttreten an deren Stelle.

§ 4. Die Notariatsordnung vom 25. Juli 1871, R. G. Bl. Nr. 75, wird in folgender Weise geändert:

1. Der § 89 hat zu lauten:

„(1) Das Verfahren für die Aufnahme von Wechselprotesten richtet sich nach den Vorschriften des Wechselgesetzes.

(2) Diese Vorschriften sind sinngemäß anzuwenden, wenn Protest für kaufmännische Papiere aufzunehmen ist, die an Order lauten (Artikel 301 und 302 H. G. B.)."

2. Der Absatz 2 des § 112 hat zu lauten:

„(2) Ausgenommen von der Eintragung in das Geschäftsregister sind außer den Protesten von Wechseln und kaufmännischen Papieren nur diejenigen Beurkundungen, bezüglich deren dieses Gesetz es ausdrücklich gestattet."

3. Der Punkt d des § 116 entfällt.

§ 5. (1) Artikel XLV des Einführungsgesetzes zur Zivilprozeßordnung hat zu entfallen.

(2) Die Bestimmungen der §§ 557, 558 und 559 der Zivilprozeßordnung haben zu lauten:

„§ 557. (1) Wenn sich die mit der Klage geltend gemachte Forderung auf einen Wechsel gründet, der alle Erfordernisse der Gültigkeit besitzt und gegen dessen Echtheit sich keine Bedenken ergeben, und wenn zugleich mit der Klage nebst dem Wechsel auch der Protest und die quittierte Rechnung, soweit diese Urkunden im einzelnen Fall zur Begründung der klägerischen Ansprüche erforderlich sind, in Urschrift vorgelegt werden, kann der Kläger begehren, daß dem Beklagten aufgetragen werde, binnen der unerstreckbaren Frist von drei Tagen bei sonstiger Exekution die Wechselschuld nebst den ausgewiesenen Nebenforderungen und den angesprochenen und vom Richter bestimmten Kosten zu bezahlen oder seine Einwendungen dagegen zu erheben (Zahlungsauftrag).

(2) Ist eine Wechselerklärung von einem Machthaber unterschrieben, so kann Zahlungsauftrag nur erlassen werden, wenn außer den im ersten Absatz bezeichneten Urkunden die Vollmacht des Machtgebers beigebracht wird.

§ 558. Die Vorschriften des § 557 gelten auch für die Geltendmachung von Rückgriffsansprüchen vor Verfall des Wechsels, wenn die in den Artikeln 43 und 44 des Wechselgesetzes weiters hiefür geforderten Voraussetzungen durch glaubwürdige, der Klage in Urschrift beigelegte Urkunden nachgewiesen sind. Zum Nachweis der Eröffnung des Konkurses (Ausgleichsverfahrens, Vergleichsverfahrens, der Geschäftsaufsicht) genügt die Vorlegung einer der im Artikel 44, Absatz 6, des Wechselgesetzes angeführten Bekanntmachungen.

§ 559. Wenn in der Klage der Antrag auf Erlassung eines Zahlungsauftrages gestellt wird, haben auf das weitere Verfahren die Bestimmungen des ersten Abschnittes (§§ 550 bis 554) entsprechende Anwendung zu finden."

§ 6. Der Anbringung der Klage steht in bezug auf die Unterbrechung der wechselrechtlichen Verjährung die vom Beklagten bewirkte Streitverkündigung und die Geltendmachung des Anspruches in der mündlichen Verhandlung gleich*).

§ 7. Welche Tage als Feiertage im Sinne des Wechselgesetzes gelten, wird durch Verordnung bestimmt**).

§ 8. (1) Durch Verordnung des Bundesministers für Handel und Verkehr im Einvernehmen mit dem Bundesminister für Justiz kann festgesetzt werden, daß die Postverwaltung für bestimmte Fälle, insbesondere mit Rücksicht auf die Art des Protestes oder die Höhe der

*) Entspricht der Reserve des EWG. Anl. II, Art. 17.

**) Entspricht der Reserve des EWG. Anl. II, Art. 18.

Wechselsumme, die Protesterhebung nicht übernimmt. Desgleichen kann die Protesterhebung durch die Post für bestimmte Postverwaltungsgebiete überhaupt ausgeschlossen werden.

(2) Die näheren Bestimmungen über die Verwendung der Postanstalt zur Aufnahme von Wechselprotesten und über die Höhe der zu entrichtenden Postgebühren sowie Bestimmungen über die Behandlung von Protestaufträgen, deren Ausführung die Post nicht übernimmt, werden vom Bundesminister für Handel und Verkehr im Einvernehmen mit dem Bundesminister für Justiz durch Verordnung erlassen.

(3) Durch Verordnung des Bundesministers für Handel und Verkehr im Einvernehmen mit dem Bundesminister für Justiz kann festgesetzt werden, ob und unter welchen Voraussetzungen die Postverwaltung die Ausfertigung und Absendung der im Artikel 45 des Wechselgesetzes vorgesehenen Benachrichtigungen übernimmt.

(4) Die Postanstalt haftet für jeden dem Auftraggeber durch Verschulden ihrer Organe bei der Ausführung des Protestauftrages verursachten Schaden. Sie haftet nur bis zur Höhe des wechselmäßigen Rückgriffsanspruches.

§ 9. (1) Die Tarifpost 113 des Allgemeinen Gebührentarifs 1925, B. G. Bl. Nr. 208, in der Fassung des Artikels 12 der Gebührennovelle 1926, B. G. Bl. Nr. 205, wird geändert, wie folgt:

1. Im Abschnitt I:

a) Die bisherige Bestimmung der Anmerkung zu Zahl 1 und 2 erhält die Bezeichnung „(1)"; im Wortlaut dieses Absatzes haben die Worte „sowie alle girierten Wechselkopien" zu entfallen.

Als Absatz 2 wird beigefügt:

„(2) Jede mit einem urschriftlichen Indossament oder einer urschriftlichen Bürgschaftserklärung versehene Abschrift eines Wechsels unterliegt derselben Gebühr wie die Urschrift des Wechsels."

b) In Zahl 3, Absatz 2, hat der dem Strichpunkt nachfolgende Satzteil zu lauten:

„hiebei ist ein Vollmachts- oder Pfandindossament (Artikel 18 und 19 des Wechselgesetzes) nicht als Übertragung (Begebung) anzusehen."

c) Die Zahl 4 erhält folgenden Wortlaut:

„(1) Jede schriftliche Verlängerung der Verfallzeit eines inländischen Wechsels unterliegt der Gebühr, und zwar, sofern die Verfallzeit um nicht mehr als drei Monate verlängert wird, der Hälfte der Gebühr nach Skala I, sofern sie aber um mehr als drei Monate, jedoch um nicht mehr als sechs Monate verlängert wird, der Gebühr nach Skala I; für schriftliche Verlängerungen der Verfallzeit um mehr als sechs Monate ist die für den Wechsel bisher entrichtete Gebühr auf das Ausmaß nach Skala II zu ergänzen.

(2) Die Verlängerungsfrist ist nicht vom Tag des Verlängerungsvermerks, sondern vom Tag des Ablaufs des ursprünglichen oder nach wiederholter Verlängerung vom Tag des Ablaufs der zuletzt gültigen Verfallzeit zu berechnen."

2. Im Abschnitt III:

a) In Zahl 1, Absatz 1, werden die Worte „im folgenden Absatz 2" durch die Worte „in Zahl 2" ersetzt.

b) In Zahl 1, Absatz 2, treten an die Stelle der Worte „mit Einschluß der Indossamente per procura, zur Einkassierung u. dgl. (Artikel 17 der Wechselordnung)" die Worte „mit Einschluß der Vollmachts- und Pfandindossamente (Artikel 18 und 19 des Wechselgesetzes)".

c) In Zahl 1, Absatz 4, a, hat der den Worten „jene Indossamente aber" nachfolgende Satzteil zu lauten: „denen ein nur eine Bevollmächtigung oder eine Verpfändung ausdrückender Vermerk (Artikel 18 und 19 des Wechselgesetzes) beigefügt ist, der festen Gebühr im Betrage von 1 S."

(2) Die Vorschriften der Tarifpost 113, IV, Absatz 3 bis 5, des Allgemeinen Gebührentarifs 1925, B. G. Bl. Nr. 208, finden, soweit sie die allfällige Verpflichtung des Protestorgans zur Entrichtung der Wechselstempelgebühr betreffen, in Ansehung der durch die Post aufgenommenen Proteste keine Anwendung.

(3) Auf die durch die Post aufgenommenen Wechselproteste finden die Bestimmungen über die Stempelgebühren für gerichtlich aufgenommene Wechselproteste Anwendung.

§ 10. (1) Wird die rechtzeitige Vornahme einer Handlung, die im Ausland zur Ausübung oder Erhaltung der Rechte aus einem Wechsel vorzunehmen ist, durch eine dort erlassene Vorschrift verhindert, so kann die Bundesregierung durch Verordnung bestimmen, daß die Rechte ungeachtet der Versäumung bestehen bleiben, sofern die Handlung unverzüglich nach Wegfall des Hindernisses nachgeholt wird.

(2) In gleicher Weise kann verordnet werden, daß bei einer solchen Verhinderung nach einer bestimmten Frist Rückgriff genommen werden kann, ohne daß es der Vornahme der Handlung bedarf*).

§ 11. (1) Die §§ 4 bis 9 dieses Gesetzes treten gleichzeitig mit dem Inkrafttreten des Ersten bis Dritten Teiles des Wechselgesetzes, die übrigen Vorschriften schon mit dem Tage der Kundmachung in Wirksamkeit.

(2) Für Wechsel, die vor dem Beginne der Wirksamkeit der Vorschrifen des Wechselgesetzes ausgestellt worden sind, bleiben die bisher geltenden Bestimmungen maßgebend**).

---

*) Entspricht der Reserve zum EWG. Anl. II, Art. 22.

**) Entspricht Art. II des Abkommens über das einheitliche Wechselgesetz und Art. 11 IWR. Vergleiche auch Art. 1, Abs. VI des Entw. eines Einführungsgesetzes zum deutschen Wechselgesetz unten S. 134.

(3) Die Bestimmungen der Artikel 87 und 88 über die auf den Wechsel bezüglichen Handlungen und des Artikels 90 über abhanden gekommene Wechsel finden jedoch auf alle Wechsel und andere, den angeführten Vorschriften unterliegende Urkunden Anwendung, wenn die Handlung nach dem Inkrafttreten des Ersten bis Dritten Teiles des Wechselgesetzes vorzunehmen oder das Verfahren zur Kraftloserklärung einzuleiten ist. Desgleichen finden die Vorschriften der Artikel 79 bis 86 Anwendung, wenn Protest mangels Zahlung nach dem Inkrafttreten des Ersten bis Dritten Teiles des Wechselgesetzes zu erheben ist.

§ 12. Mit der Vollziehung dieses Gesetzes ist, soweit darin nicht anderes vorgesehen wird, der Bundesminister für Justiz im Einvernehmen mit den beteiligten Bundesministern betraut.

C

Deutscher Entwurf eines Einführungsgesetzes zum Wechselgesetz

Artikel 1.

(1) Die Reichsregierung bestimmt den Zeitpunkt, mit dem das Wechselgesetz in Kraft tritt.

(2) Die Reichsregierung kann für das Inkrafttreten des Ersten bis Dritten Teiles des Wechselgesetzes einen anderen Zeitpunkt bestimmen als für das Inkrafttreten des Vierten Teiles. Sie kann sowohl den Ersten bis Dritten Teil als auch den Vierten Teil als selbständiges Gesetz in Kraft treten lassen, den Vierten Teil unter der Überschrift „Gesetz über den Geltungsbereich der Wechselgesetze" mit eigener Artikelfolge.

(3) Die Vorschriften der Wechselordnung treten mit dem Inkrafttreten der entsprechenden Teile des Wechselgesetzes außer Kraft.

(4) Mit dem Inkrafttreten des Ersten bis Dritten Teiles des Wechselgesetzes treten ferner außer Kraft, soweit sie sich auf Wechsel beziehen,

die Vorschriften des § 1 des Gesetzes über die Ermächtigung des Bundesrats zu wirtschaftlichen Maßnahmen und über die Verlängerung der Fristen des Wechsel- und Scheckrechts im Falle kriegerischer Ereignisse vom 4. August 1914 (Reichsgesetzbl. S. 327) in der Fassung der Verordnung vom 20. Januar 1919 (Reichsgesetzbl. S. 91);

die Vorschriften des § 3 der Verordnung zum Schutze gegen die Folgen der Stillegung von Bankbetrieben vom 19. April 1919 (Reichsgesetzbl. S. 397);

die Verordnung über Goldmark und Goldmarknotenwechsel und -schecks vom 6. Februar 1924 (Reichsgesetzbl. I, S. 50).

(5) Mit dem Inkrafttreten des Ersten bis Dritten Teiles des Wechselgesetzes treten auch die wechselrechtlichen Vorschriften der Landesgesetze außer Kraft.

(6) Für Wechsel, die vor dem Inkrafttreten des Ersten bis Dritten Teiles oder des Vierten Teiles des Wechselgesetzes ausgestellt sind, bleiben die entsprechenden Vorschriften des bisherigen Rechts maßgebend.

Artikel 2.

(1) Für den Zinssatz beim Rückgriff aus Wechseln, die im Inlande sowohl ausgestellt als auch zahlbar sind, verbleibt es auch nach dem Inkrafttreten des Wechselgesetzes bei den Vorschriften des Gesetzes über die Wechsel- und Scheckzinsen vom 3. Juli 1925 (Reichsgesetzbl. I, S. 93).

(2) Die Reichsregierung bestimmt mit Zustimmung des Reichsrats den Zeitpunkt, mit dem die Vorschriften des Abs. 1 und des Gesetzes über die Wechsel- und Scheckzinsen vom 3. Juli 1925 (Reichsgesetzbl. I, S. 93), soweit es sich auf Wechsel bezieht, außer Kraft treten.

Artikel 3.

(1) Soweit in Reichsgesetzen oder Landesgesetzen auf Vorschriften der Wechselordnung verwiesen ist, treten an deren Stelle die entsprechenden Vorschriften des Wechselgesetzes.

(2) Die Reichsregierung wird ermächtigt, nähere Vorschriften zu erlassen.

Artikel 4.

Bis zum Erlasse der im Art. 88, Abs. 2 des Wechselgesetzes vorgesehenen Verordnung sind die in der Dritten Verordnung über benachbarte Orte im Wechsel- und Scheckverkehre vom 7. Dezember 1927 (Reichsgesetzbl. I, S. 343) als benachbart bezeichneten Orte als benachbart im Sinne des Wechselgesetzes anzusehen.

Artikel 5.

Soweit sich das Gesetz über die Folgen der Verhinderung wechsel- und scheckrechtlicher Handlungen im Ausland vom 13. April 1914 (Reichsgesetzbl. S. 107) auf Wechsel bezieht, treten an seine Stelle mit dem Inkrafttreten des Ersten bis Dritten Teiles des Wechselgesetzes folgende Vorschriften:

> Wird die rechtzeitige Vornahme einer Handlung, die im Ausland zur Ausübung oder Erhaltung der Rechte aus einem Wechsel vorzunehmen ist, durch eine dort erlassene Vorschrift verhindert, so kann die Reichsregierung bestimmen, daß die Rechte ungeachtet der Versäumung bestehen bleiben, sofern die Handlung unverzüglich nach Wegfall des Hindernisses nachgeholt wird. In gleicher Weise kann bestimmt werden, daß bei einer solchen Verhinderung nach einer bestimmten Frist Rückgriff genommen werden kann, ohne daß es der Vornahme der Handlung bedarf.

Artikel 6.

(1) Mit dem Inkrafttreten des Ersten bis Dritten Teiles des Wechselgesetzes treten im Wechselsteuergesetz vom 12. Juli 1930 (Reichsgesetzbl. I, S. 219) folgende Änderungen ein:

1. Im § 7, Satz 2 werden die Worte „mangels Zahlung Protest erheben läßt" durch die Worte „mangels Annahme oder mangels Zahlung Protest erheben läßt" ersetzt.

2. Im § 11, Abs. 1 werden die Worte „mangels Zahlung Protest erheben läßt" durch die Worte „mangels Annahme oder mangels Zahlung Protest erheben läßt" ersetzt.

3. Im § 12, Abs. 3 werden die Worte „mangels Zahlung protestiert" durch die Worte „mangels Annahme oder mangels Zahlung protestiert" ersetzt.

(2) Der Reichsminister der Finanzen wird ermächtigt, den Wortlaut des Wechselsteuergesetzes an den Sprachgebrauch des Wechselgesetzes anzupassen und die sich aus der Anpassung ergebende Fassung des Wechselsteuergesetzes unter dem Datum des Tages der Bekanntmachung neu bekanntzumachen.

Sachverzeichnis

Manzsche Buchdruckerei, Wien IX

GPSR Compliance

The European Union's (EU) General Product Safety Regulation (GPSR) is a set of rules that requires consumer products to be safe and our obligations to ensure this.

If you have any concerns about our products, you can contact us on ProductSafety@springernature.com

In case Publisher is established outside the EU, the EU authorized representative is:

Springer Nature Customer Service Center GmbH
Europaplatz 3
69115 Heidelberg, Germany

Batch number: 10815974

Printed by Printforce, the Netherlands